Gertrud Hintze

Unsere Eltern waren Unternehmer

Zeitzeugenberichte aus Stahnsdorf

Impressum

© 2015   Gertrud Hintze
Nachdruck oder sonstige Vervielfältigung, auch auszugsweise, nur mit schriftlicher Genehmigung.

Fotos:

privat und
Rückseite Ortsplan - Urheber Prof. Dr. Wolfgang Hirte, ausschnittsweise reproduziert – G. Hintze

Herstellung und Verlag

BoD - Books on Demand, Norderstedt
ISBN 978-3-7347-7888-9

Satz und Layout

Gertrud Hintze und Mediengrupe der USE

Diese Erinnerungen

werden nicht mit den Menschen fortgehen

Angeregt durch ein Klassentreffen im Jahre 1997 wanderten meine Gedanken zurück in meine Lindenstraßen-Zeit, traf ich doch die Kinder von Geschäftsleuten aus „dem Dorf" wieder, Annette Strutzke, Marianne Fahlberg, Jutta Materne.

Und weil ich danach dachte, ich hätte in meiner Kindheit etwas Besonderes erlebt, wollte ich meinen Alltag aufschreiben. Aber warum nur über mich berichten? 2012 schrieb ich also endlich Briefe an 20 Kinder, die einst die Stahnsdorfer Grundschule besuchten und die wie ich in Geschäftshaushalten aufgewachsen sind. Von ihnen wollte ich erfahren, wie sich ihr Alltag damals gestaltete. 18 haben mir ihr Vertrauen geschenkt und mich ihre Erinnerungen aufschreiben lassen. Das älteste dieser „Kinder" ist 1935 geboren. Und welch ein Glück: auch zwei Frauen aus der Elterngeneration schilderten ihr Leben als Mutter, Haus- und Geschäftsfrau. Nach dem Zusammentragen aller Erinnerungen weiß ich, dass für jeden Menschen jeder gelebte Tag etwas Besonderes ist. Dank an alle Beteiligten!

Gertrud Hintze

im April 2015

Aus dem Inhalt

Hedwig Meden Jahrgang 1919	Gertrud Hintze Jahrgang 1945	5
Herta Kühnel Jahrgang 1930	Karin Brunke Jahrgang 1952	21
Grete Schaer Jahrgang 1935	Heinz Hamberger Jahrgang 1939	27
Gisela Jarosch Jahrgang 1936		46
Dieter Schmidt Jahrgang 1936		56
Helga Probst Jahrgang 1937	Werner Hasenberg Jahrgang 1939	66
Helga Tröger Jahrgang 1940		77
Ingeborg Jorisch Jahrgang 1942		79
Eberhard Trodler Jahrgang 1942		91
Helmut Schulz Jahrgang 1943		98
Horst Sprenger Jahrgang 1943		106
Jutta Ludwig Jahrgang 1944		115
Marianne Rasch Jahrgang 1945		125
Peter Cochlovius Jahrgang 1948		139
Wolfgang Krause Jahrgang 1948		143
Ingrid Brehmer Jahrgang 1949		147
Frank Wodarz Jahrgang1956		158

Hedwig (Heti) Meden, Jahrgang 1919

Gertrud Hintze, geb. Meden, Jahrgang 1945

Hugo Meden, 1914 – 1980
Gaststätte „Zur Linde", Lindenstraße 17

Die *Gastwirtschaft zur Linde* wurde durch Anna Behrends geführt und gehörte bis 1954 Otto Behrends. Mein Mann war als Kraftfahrer in dessen Fuhrunternehmen in der Krughofstraße 7 beschäftigt.

Ich hielt mich oft dort bei der Familie auf, während meine Mutter im Gasthof putzte. Für ein Kind aus der Blumensiedlung mit dem Plumpsklo und Jauchekute hinter dem kleinen ebenerdigen Haus war ein Besuch in dem mehrstöckigen Haus in der Krughofstraße schon wegen des Wasserklosetts spannend. Erst einmal führte im Haus eine mit Linoleum belegte, blank gebohnerte Treppe nach oben zur Wohnung. Und dann: gleich links hinter der Wohnungstür befand sich eine Tür zum WC. Das war ein interessantes Ereignis: dieses sprudelnde, klare Wasser auf Knopfdruck im Toilettenbecken abwärts zu schicken ... und dieser frische Geruch von Wasser. Jedes Mal wenn ich mich im Haus aufhielt, wollte ich das erleben.

Und im Keller befand sich eine Kellerküche, in der sich das tägliche Leben abspielte. Vieles war für mich abenteuerlich. Grüne Kaffeebohnen wurden auf einer Bratpfanne geröstet – nur dann, wenn keine Kundschaft zu erwarten war. Es sollte durch das Aroma kein Neid erzeugt werden.

Manchmal aß ich auch dort mit. Dann standen zwei, manchmal drei Sorten Wurst auf dem Tisch. Wenn dann Schritte von Kunden auf der Kellertreppe zu hören waren, genügten ein paar eilige Handgriffe, um die Wurst im Spind verschwinden zu lassen. Nur keinen Neid und keine Mitesser.

Goldpapier und Silberpapier von der Käseverpackung wurde von dem Pergamentpapier getrennt, sorgfältig glattgestrichen und zu einer Kugel gerollt – so etwa 15 cm Durchmesser. In Zehlendorf bekam man Geld dafür.

Oft kontrollierte ich, ob neben der Kellerküche in der Waschküche wieder Sirup gekocht wurde. Eigentlich hätte jeder das gerochen, doch ich hielt Ausschau nach dem Spachtel, mit dem der Waschkessel ausgekratzt wurde, und an dem der erstarrte Sirup klebte, den ich abknabbern und ablutschen konnte.

In der Nachfolge übergab Otto sein Fuhrunternehmen an seine Tochter Erna Pardemann (genannt Emmi). Als Nachfolger für seine Gastwirtschaft wurde mein Mann ausgewählt.

Bevor wir das Lokal führen durften, mussten wir Praxis im Gaststättengewerbe nachweisen. Also arbeitete ich bei Materne, besser *HO-Gaststätte Stahnsdorfer Hof* im Saal an der Bar, mittwochs und sonnabends wenn Tanz war. Mein Mann, gelernter Bäcker und Konditor, kam nach seiner Arbeit dort hin, hat mitgeholfen oder mich abgeholt. Außerdem hab ich in Behrens Kneipe zu Veranstaltungen mit bedient. Ich servierte in den Pausen der Chorproben vom Stahnsdorfer Männerchor und auch vom Gemischten Chor die bestellten Getränke. Der Männerchor hatte mehr als 40 Sänger, im Gemischten Chor sangen ungefähr 20.

In Potsdam qualifizierte sich mein Mann zum Bufettier und Kellner. So bekam er die Konzession, das Lokal auf seinen Namen zu führen. 1954 wurde mein Mann Inhaber der „Gaststätte zur Linde", die wir gemeinsam bewirtschafteten. Nebenan befand sich im gleichen Haus die Konsum-Fleischverkaufsstelle und in den Gebäuden im Hof wurde ein kleines Sortiment an Wurstwaren produziert. Bockwurst, Jagdwurst, Schlackwurst, Knacker und auch Fleischsalat und Schmalz.

Lindenstraße 17 (zwischenzeitlich Ernst-Thälmann-Straße)

Bis 1958 durften wir unser kleines privates Lokal betreiben. Während dieser Zeit haben wir auch in dem Haus gewohnt. Im ersten Stock befanden sich Büros von der Konsumfleischerei und die Umkleide- und Aufenthaltsräume für die Fleischer. Bis dorthin waren die Treppenstufen und das Geländer fettig. Wir wohnten im zweiten Stock. Rechts vom Treppenhaus aus hatten wir das Wohnzimmer, das nur zu feierlichen Anlässen geöffnet und beheizt wurde. Wir hielten uns ja immer in der Gaststätte auf. Links, an der Bodenkammertür vorbei, führte eine Tür in ein kleines Schlafzimmer und daran schloss sich eigentlich eine schmale Küche an, die wir aber als Kinderzimmer nutzten. Die Toilette befand sich unten auf halber Treppe neben der der Arbeiter von der Fleischerei. Es gab dort sogar ein Bad, aber das wurde von allen genutzt. Doch es war mühselig, die Wanne und das Bad von Fett zu reinigen, deshalb nutzten wir es selten.

Aus allen Fenstern unserer Wohnung blickte man auf den Hof – auf das speckige Pflaster mit seinen üblen Gerüchen im Sommer und den Maden, die sich einen Weg aus den Mülltonnen bahnten.

Und an Werktagen konnte ich die Fleischer bei der Arbeit beobachten. Wie sie die Räucherkammer bestückten und wie die Zutaten für Fleischsalat auf dem Hof in einer großen Aluminium-Molle von Hand, genauer gesagt von Armen bis zu den Ellenbogen, vermengt wurden. Die restliche Majonäse wurde über dem Trog von den Armen abgestrichen. So manch ein Arbeiter griff sich im Vorübergehen einen Happen.

Wir hatten viel zu tun, stellten deshalb auch eine Putzfrau ein. Im Schankraum standen vier kleine Tische – 14 Plätze und der runde Stammtisch für 6 bis 8 Gäste. Alle hölzernen Tischplatten hell gescheuert, später mit gemusterten Wachstuchdecken. Das Paneel war reliefartig gemustert und dunkelbraun gestrichen. Die dicken Baumwollgardinen blieben nicht lange bei ihrer hellen Farbe. Durch den Tabakrauch von Zigaretten und Zigarren sahen sie schnell wieder gelbbraun aus. Der kleine Ventilator neben der Eingangstür wirbelte einfach nicht genügend frische Luft herein.

Die Gardinen wusch ich selbst und brachte sie zum Spannen. Eine Wäscheannahmestelle befand sich in der Hauptstraße Nr. 15. Zwei Wochen dauerte es bis zum Abholtermin. Unsere private Wäsche gab ich dorthin. Wo sollte ich sie auch trocknen? Allerdings die Geschirrtücher zum Polieren der Gläser – die kochte ich in einem großen Aluminiumtopf mit dem Waschpulver WOK (Waschmittel ohne Kochen) in der Kneipen-Küche ab, da wurden sie schön sauber. Und gebügelt hingen sie dann wieder hinter der Theke. Ich trug zum Servieren kleine weiße Schürzen mit langen

Bändern. Gestärkt und gebügelt war die Schleife auf dem Rücken für manchen Gast verlockend, um daran zu ziehen. Oft musste ich mir sehr deutlich Respekt verschaffen.

Wir Wirtsleute mit dem Ehepaar Erna und Fritz Kürbis

Ich hielt mich zum Zeitvertreib und natürlich mit wachem Blick und offenen Ohren oft stundenlang in der Kneipe auf. So manche philosophische Betrachtung blieb mir in Erinnerung. Ich sehe noch den Postboten Max Rossbach auf seinem Stammplatz am hellbraunen Kachelofen sitzen. Erinnere mich an seine graue Gesichtshaut und die Falten auf der Stirn. Einmal wies er auf seinen Kopf und bedauerte, dass alles Wissen über die Empfänger seiner Postsendungen mal mit seinem Körper verfaulen würde. Das gab auch mir zu denken.

Manche Raucher wollten, dass ich ihnen mit einem Streichholz Feuer für die Zigarette reichte. Ängstlich hasste ich diese Prozedur und wurde doch immer wieder dazu aufgefordert. Manchmal durfte ich auch ein Glas Bier an den Tisch bringen. Und ich lernte, mehrere Gläser von einem Trommel-Tablett zu servieren. Mein Vater unterwies mich: Pass auf, dass sich die Gläser nicht berühren sonst rollen sie dir weg. Die kleine Rache für diese Art meiner Freizeitgestaltung (tränende Augen, wenn ich die Augenlider zum Schlafen schloss) hielt mich nicht von meinen Kneipenaufenthalten ab.

Aus Langeweile bin ich in die HO-Lebensmittelverkaufsstelle reingegangen und hab „Maulaffen feil gehalten", so wie ich es von der Kneipe gewohnt war. Dazu nahm ich eine kleine Tasche mit – ausgestopft mit Zeitungspapier, damit es aussah als hätte ich schon woanders eingekauft. Ich habe mich in die Warteschlange eingereiht und geduldig zugehört, was die Frauen so erzählten. Wenn ich dann dran war, fragte ich, ob es Eier gäbe. Die Antwort lautete „nein", doch das wusste ich schon vorher. Dann ging ich wieder – mit einer Menge Neuigkeiten im Kopf.

Ich besuchte nachmittags oftmals Schulfreundinnen, bei denen Mutter oder Oma zuhause waren. Manchmal auch eine Schulfreundin mit mehreren älteren Geschwistern. Das Familienleben gefiel mir. Und ich konnte mitessen: mit Wasser angefeuchtete Stullen, die wir mit Zucker bestreuten. Zuhause sollte ich nicht einmal die Butter unter der Marmelade weglassen. Mich beneideten die Mitschüler darum, dass ich Malzbier trinken konnte, wann immer ich wollte. Dagegen fand ich bei meinen Mitschülerinnen Marianne Fahlberg die Streuselschnecken und bei Annette Strutzke die unterschiedlichen Füllfederhalter begehrenswert.

Ich bin oft mit der 96 bis Tempelhof gefahren, zum Schaufensterbummel. 20 Pfennig kostete der Fahrschein. Die Eltern hatten im Lokal zu tun und ich hatte Langeweile. An der Grenzkontrolle lief ich dann nahe an fremden Erwachsenen, *denn ich hatte ja noch keinen Ausweis und hätte nur in Begleitung der Eltern die Grenze passieren dürfen.*

Im Vereinszimmer gab es Plätze für 50 bis 55 Personen, ein Klavier, einen Notenschrank, ein kleines samtbezogenes Sitzsofa mit einem großen, dunkelbraun gerahmten Spiegel darüber. Das Vereinszimmer hatte zwei Fenster zur Lindenstraße und zwei zum Hof hinaus und ließ sich durch eine Ziehharmonikatür teilen. Beheizt wurde es mit einem Kachelofen im vorderen Teil des Zimmers.

Ein Klavier war vorhanden und der Wille der Eltern, dass das Kind – wie übrigens die Kinder anderer Geschäftsleute auch (zum Beispiel Juch, Schumann, Hasenberg, Pardemann) – Klavierspielen können sollte. Ich hatte keine Lust dazu. Der Anblick des hellgrünen Deckblatts von „Köhlers Klavierschule" verursacht mir noch heute Beklemmungen. Ich übte also in dem oft unbeheizten Vereinszimmer und nahm mir vorzugsweise die Interpretation von „Möwe, du fliegst in die Heimat" vor. Damit bereitete ich meinem aus Ostpreußen stammenden Vater eine Freude. Zum Klavierunterricht radelte ich in die Vogelsiedlung. Die Lehrerin erkannte meine mangelnden Fertigkeiten: ich musste dort bei geöffnetem Fenster üben, während sie ihre Gartenarbeit verrichtete. Das war für mich das Argument, den Unterricht zu schmeißen, und meine Eltern gaben nach. Das Klavier wurde später verkauft und für das Geld bekam ich 1959 eine „Rheinmetall" Kofferschreibmaschine, die Werner Strutzke (Papier- und Schreibwaren) beschaffte.

Meine Eltern kauften zwei Radios. „Oberhof" für den Schankraum und „Dompfaff" für die Wohnung. Manche Gäste wollten montags oder freitags im RIAS (Rundfunk im Amerikanischen Sektor) „Schlager der Woche" hören. Das kam aber nur infrage, wenn kein fremder Gast anwesend war. Den Stammgästen wurde in Sachen „Feindsender" vertraut.

Außer den Chören montags und donnerstags nutzten das Vereinszimmer auch die Freiwillige Feuerwehr, die CDU-Ortsgruppe, der Anglerverein für ihre Treffen. Die Kleintierzüchter zeigten dort sogar Ausstellungen. Schön und aufregend festlich waren die Kinderweihnachtsfeiern der Vereine.

An einem normalen Arbeitstag erledigte zuerst die Putzfrau ihre Arbeit. Das Parkett im Vereinszimmer wurde gebohnert und sah immer sehr gepflegt aus, obwohl sie keine Maschine zur Verfügung hatte. Die Gläser – in kaltem Wasser über eine Gummibürste gespült – stellten wir schon am Abend poliert auf die Schrankbretter mit den weißen Papierspitzendeckchen. Die Metallflächen der Theke mussten mit *Sidol* poliert werden. Ich bin um 10 Uhr hinunter gegangen, um zu öffnen. Erich Günther, der Vulkaniseur aus der Mühlenstraße, hatte täglich zu früher Stunde schon Bier-Durst. In seinem blauen zweiteiligen Arbeitsanzug spazierte er vorzeitig an der Kneipe vorbei, um auf die Schuluhr zu sehen. Er war der erste Kunde, oft auch der letzte. Und selbst am Heiligabend mussten wir ihn sanft auffordern, uns doch schließen zu lassen.

Die Gäste am Vormittag waren meist Kraftfahrer auf der Durchfahrt. Ich hatte dann Zeit, unser privates Mittagessen in der großen Küche der Kneipe zuzubereiten. Zum Verkauf hatten wir ein monatliches, unzureichendes Kontingent von 40 Bockwürsten. Wir boten sie mit Brot und Senf an. Der Preis betrug ungefähr 90 Pfennig. Wenn nun die ungefähr dreißig Sänger des Männerchores zur wöchentlichen Probe kamen, war das Kontingent schnell verbraucht. Wenn fremde Gäste Bockwurst bestellten, boten wir ihnen an, die Wurst beim Fleischer nebenan zu kaufen und bei uns zu wärmen und sie mit Mostrich und Brot zu servieren.

An den Geruch des Wassers, in dem die Bockwurst erwärmt wurde und an die senfverschmierten Teller, die dann abzuwaschen waren, erinnere ich mich ungern. Auch an zu viele gewärmte Würste, die wir dann kalt aßen, oder an geplatzte, die nicht weggeworfen sondern von uns gegessen wurden.

Eine staatliche Einstufung begründete unsere Preisstufe I. Das bedeutete: nur Getränkeausschank, Bohnenkaffee und Bockwurst in begrenzter Menge. Keine edlen Spirituosen oder Weine, nur Obstwein und Schaumwein.

Und Kaffee zum Beispiel: eine braune Packpapiertüte mit 3 Pfund Bohnen musste einen Monat reichen. Gemahlen wurden die Bohnen in der hölzernen Kaffeemühle per Handkurbel. Gebrüht wurde der Kaffee auf Grund in den dickwandigen Tassen. Eine Tasse Kaffee komplett kostete 75 Pfennige, also mit Milch und Zucker.

Später kaufte ich eine elektrische Kaffeemühle, „Pirette". Das war eine Sensation für alle, die in die Küche kamen. Ein Verwandter beschaute sich die Technik, füllte Bohnen ein und betätigte den Anschaltknopf. Leider hatte er vergessen, den Deckel auf die Mühle zu setzen, so flogen die kostbaren Bohnen durch die Küche. Mit einem Handfeger versuchten wir etwas von der Kostbarkeit zu retten ...

Ja, die Handelsspanne war sehr gering. Schnaps war nicht kontingentiert, der reichte also. Doch wenn Verwandte nach Potsdam zum Einkaufen fuhren, kauften sie mal eine Flasche für uns, die heimlich an der hinteren Küchentür abgegeben wurde. In Stahnsdorf konnten wir keinen Schnaps kaufen, das wäre aufgefallen. Durch solche Mitbringsel verdienten wir natürlich mehr und konnten auch selbst mal einen trinken oder spendieren.

Und andere krumme Dinger fanden auch statt, denn manch ein Fleischer tauschte an unserer hinteren Küchentür einige Bockwürste gegen ein Glas Schnaps und Bier. Das musste natürlich vor dem wachsamen Pförtner auf dem Fleischerhof verborgen bleiben. Aber so ein Pförtner war ja in seiner winzigen Bretterbude manchmal auch von Müdigkeit übermannt.

In der Pförtnerbude bei Kurt Heinze verbrachte ich abends so manche Stunde. Die Bude war eng, aus Holz errichtet und durch einen kleinen Ofen manchmal überhitzt. Und irgendwie war sie auch ein wenig speckig vom Besuch der Fleischer während des Tages. Kurt saß rauchend an seinem kleinen Schreibtisch und hörte im Schein der Tischlampe Radio. Ich setzte mich zu ihm und hörte mit. Manchmal „Es geschah in Berlin" oder „Pension Spreewitz". Wir sahen uns mein Album mit Sammelbildern aus Zigarettenschachteln an oder die farbigen Bilder von Schauspielern, die den ML-Kaugummis beigelegt waren. Auf der Rückseite waren die Lebensdaten der Schauspieler zu lesen. Ich glaube, er sammelte auch die Bilder. Er brachte immer aus West-Berlin die Kaugummi mit. Ich gab manchmal eine Bestellung bei ihm auf. 5 Pfennig West oder 25 Pfennig Ost kostete einer.

Bau- und Möbeltischlermeister Fritz Beyer aus der Lindenstraße 35 hatte einen Hund, der schien abgerichtet zu sein auf Wurstklau. Das ging so: im Hof wurde die Salami aus der Räucherkammer unter dem Schleppdach zum Auskühlen aufgehängt, so hingen die Würste mit der Strippe an einem langen Holzspieß. Der Hund sprang also hoch und biss eine Strippe durch und sprang anschließend mit der Wurst im Maul über den Zaun auf die Schulzenstraße, um bei Herrchen diese Beute abzuliefern. Wenn Fritz Beyer wieder in die Kneipe kam, wurde darüber gelästert und er bestellte grinsend seinen Sarglack, wie er den „Boonekamp" nannte. Dabei baute er nicht nur Särge, auch Segelboote, um mit seinen Söhnen auf den Wannsee raus zu fahren.

Wenn die Teltower Firmen Betriebsschluss hatten, hielt so mancher Arbeiter mit seinem Fahrrad an, um ein Feierabendbier zu trinken. Zigaretten wurden einzeln verlangt, selten mal eine ganze Schachtel. Meist wurden zwei Zigaretten gekauft, eine gleich angezündet und die andere hinter ein Ohr oder innen in den Mützenrand gesteckt, für später. Real kostete 6 Pfennig, Salem 8, Turf 10 und Orient 24 Pfennig. Zigarren gab es ab 30 Pfennig. Die zu 1,20 Mark im Glasröhrchen wurden selten verkauft. Wenigstens gab es die Zigaretten nun frei zu kaufen. Ich erinnere mich noch an die vierziger Jahre als ich bei Dora Materne in deren Gaststätte Zigaretten heimlich auch mal ohne Abgabe von Tabakmarken kaufen konnte, um sie dann ins Feldpostpäckchen für meinen Mann zu legen.

Schwarzweiße Sammelbilder lagen in der ersten Zeit den Zigarettenschachteln bei. Und weil die Zigaretten ja meist einzeln verkauft wurden, gehörten die Bildchen mir. Ich durfte dann beim Lieferanten auch ein Album dafür kaufen, Volkstrachten.

Für die Geselligkeit standen ein Skatspiel und ein Würfelbecher bereit. Skatspieler fanden sich oft zusammen. Manchmal spielten sie Bierlachs oder auch um kleine Geldbeträge. Da konnten schon mal hitzige Diskussionen über den Spielverlauf entbrennen. Die Schmidts aus der Schmiede von gegenüber hatten arbeitsbedingt viel Durst und spielten fast täglich Skat – Vater Erwin mit den Söhnen Dieter und Erwin. Beim Würfeln wurde meist die nächste Lage Bier oder Kurze „gestukt".

Mittwochs hatten wir geschlossen. Den Fleischern, die schnell mal hinten an die Küchentür kamen, um ein Bier oder Schnaps während der Arbeitszeit zu trinken, missfiel natürlich der Ruhetag.

Am Ruhetag fuhr unsere Familie oft mit dem Autobus nach Potsdam. Einkaufen. Aber auch als Gäste in ein Restaurant, um zu beobachten, wie dort das Geschäft ablief.

Sonntags kehrten auch Familien bei uns ein. Für die Kinder gab es Flaschenbrause und Malzbier aus dem Hahn. Die Nachbarschaft holte Bier in der Milchkanne. Wir hatten auch Siphons in verschiedenen Größen zum Ausleihen.

Ich wurde sonntags stellvertretend für unsere Familie zum Gottesdienst in die Katholische Kirche in der Friedrich-Naumann-Straße geschickt. Die kleine Tasche mit dem Gebetbuch an den Fahrradlenker und ab ging es. An hohen kirchlichen Feiertagen begleitete mich meine Mutter.

Selbst an Heiligabend wollten die letzten Gäste nicht gehen, gegen 20 Uhr rief mein Mann dann „Sense!" oder auch in manch anderer Nacht, wenn die Polizeistunde um Mitternacht überschritten worden war: „Habt ihr denn keine Betten zu Hause?" Das war eben so im Geschäft. Am nächsten Tag öffneten wir wieder um 10 Uhr. Oft sahen wir etwas traurig anderen Familien auf ihren Sonntagsspaziergängen nach. Urlaub hatten wir jährlich nur zwei Wochen genommen. 1955 verreisten wir das erste Mal. Gäste hatten uns ein Zimmer in der Sächsischen Schweiz besorgt.

Im Lokal haben wir auch Zechen angeschrieben. Bezahlt haben diese Stammgäste dann, wenn es ihnen möglich war. Manchmal bin ich auch mit dem Fahrrad und mit meiner Tochter zu den Frauen der Schuldner gefahren, um sie um Begleichung der Zeche zu bitten. Ich glaube, einige Zechen sind heute noch offen. Mein Mann war ein guter Zuhörer, trank auch gern einen mit, gab auch mal einen aus. Vielleicht sahen einige Gäste deshalb die Begleichung der Zeche nicht als so wichtig an.

Unsere Buchhalterin, Fräulein Ruth Plehn, hat immer darauf hingewiesen, dass wir nicht gut wirtschafteten. Es war bei den billigen Waren nicht viel zu verdienen. Wir machten angeblich zu wenige Unkosten. Ja, wir verstanden uns zwar auf die Bewirtung, aber die fehlenden betriebswirtschaftlichen Kenntnisse brachten uns auf keinen grünen Zweig.

Manchmal übernahm ich den Weg zur Bank. In einem vorgedruckten Heft von der Größe eines Schreibheftes notierte mein Vater mit einem Kopierstift den Umsatz. Das Geld im Briefumschlag legte er zwischen die Heftseiten. Voller Stolz über das Vertrauen trug ich es mit beiden Händen vor mir bis zur Sparkasse in der Lindenstraße 32. Manchmal 230 Mark. Die Einzahlung wurde von der Kassiererin im Buch quittiert, und das gab ich dann wieder zu Hause ab.

Eisstangen wurden einmal in der Woche geliefert. Eis-Fix aus Babelsberg kam und zum Tragen der Stangen hatte sich der Fahrer alte Autoschläuche über die Ärmel gezogen. Die Stangen wurden in Sägespäne verpackt und im Keller gelagert. Die Bierschlangen, also die Leitungen im Büfett, wurden auch mit Eis gekühlt. Die Leitungen schwitzten und dann gab das Schlamm, der immer zu beseitigen war. Für den Eisschrank in der Küche wurden die Eisstangen mit einem Eis-Pickel zerkleinert.

Die Bierfässer aus Holz nahmen wir meist als Fünfundsiebzig- oder Einhundert-Liter-Fässer. Sie wurden von der Brauerei geliefert und in den Keller gerollt. Es war schwere Arbeit. Später musste jedes Fass auch an seinen Platz gerollt werden, bevor es mit dem Stocher angesteckt und mit der Leitung zur Theke verbunden wurde. Wenn mein Mann mal verhindert war, musste mich ein Gast in den Keller begleiten und mir bei der Arbeit helfen.

Flaschen mit Kohlensäure lieferte ebenfalls die Brauerei. Sie wurden hinter der Theke aufgestellt und mit dem Zapfhahn verbunden. – Selters und Flaschenbrause bekamen wir in Holzkästen von der Firma Bono aus Teltow geliefert.

Familienfeiern, meist Hochzeiten, konnten im Vereinszimmer gefeiert werden. Die Speisen und auch die Köchin mussten die Veranstalter mitbringen. Teller waren vorrätig, aber für Besteck und Schüsseln mussten sie ebenfalls sorgen. Wer Bowle servieren wollte, sorgte auch selbst dafür. Da war dann nicht viel Umsatz zu machen. Es wurde zwar eine Raummiete verlangt, aber wir hatten ja auch eine Servierkraft zusätzlich zu bezahlen. Manchmal wurde das vom Veranstalter mit der Rechnung ausgeglichen.

Nach einer gelungenen Gästebewirtung mit Nichte Helga Probst

Beziehungen zu anderen Geschäftsleuten … eingekauft hab ich in der HO-Verkaufsstelle, Lindenstraße Nr. 10, wo zuvor dort Gemüse Petz seinen Laden hatte. In der HO war es billiger als bei Hamberger. Gemüse hat Junker aus der Garage in Nr. 13 verkauft. Hauptsächlich Kartoffeln, Kohl und Rüben.

Zum Friseur bin ich erst zu Schumann gegangen, ich war auch bei Kühnel und auch bei unserem Gast Schäfer in Nr. 7 Kundin. Um unserer Tochter den Wunsch nach einem Anorak zu erfüllen, nahm ich zu Eltern ihrer Mitschülerinnen Kontakt auf. Ein Vater war Leiter des Russen-Magazins und verfügte über solch besondere Angebote. Sie war eines von drei Kindern in ihrer Klasse, die solch ein Stück trugen.

1958 mussten wir die Gaststätte aufgeben, weil es in Stahnsdorf bislang keine Konsum-Gaststätte gab. Nur noch eine private Gaststätte – Fritz Pechtels „Hubertus" in der Alten Potsdamer Landstraße – kam außer unserer für diese Umwandlung infrage. Unsere Kneipe war schon wegen der Verkehrslage umsatzträchtiger. Und außerdem gehörte das Haus dem Konsum. Wir wurden per Gerichtsbeschluss herausgeklagt. Zu unserer Abschiedsrunde kamen viele Gäste mit Abschiedsgeschenken. Um Mitternacht erinnerte eine Polizeistreife daran, dass nun Polizeistunde sei. Nach langem Bitten durften wir noch den Rest Bier aus dem Fass ausschänken. Ein Gast, der fleißig mit gezecht hatte, war der Gemeindeangestellte K. vom Wohnungsamt. Er stand dann noch als letzter in der Tür und winkte: „Wandre, wandre ..." Da entgegnete ihm mein Mann, dass wir ihm diesen Gefallen nicht tun würden. Wir würden nicht in den Westen gehen, wir würden einen Wohnungsantrag stellen. Und Arbeit würden wir schon finden. Jedenfalls werden wir nicht für den Konsum die Gaststätte weiter führen.

Nein, ich wollte in Stahnsdorf bleiben! Habe meinen Eltern gegenüber solche Argumente aufgeführt wie: meine Schule, meine Freunde, meine Freizeitgestaltung bei den Jungen Pionieren.

Wohnungen waren knapp in Stahnsdorf und die Angebote oft eine Zumutung. Eine Dreiraumwohnung konnte nicht vergeben werden für eine Familie mit nur einem Kind. So sollten wir in eineinhalb Zimmer in ein kleines Haus zu einem einzelnen Herrn in der Hauptstraße ziehen. Dann war es unser Glück, dass eine Familie mit drei Kindern eine Dreiraumwohnung zugewiesen bekam und nach begonnener Renovierungsarbeit Stahnsdorf in Richtung Westen verließ. So ging ich zum Wohnungsamt und bekam endlich die Einweisung.

Von der HO Potsdam-Land wurde uns Arbeit im *Stahnsdorfer Hof* angeboten, die wir annahmen. Später bewirtschafteten wir auch das Büfett im *Park-Restaurant* und vertretungsweise in der *Waldschänke* und bei *Türck* in der Bahnhofstraße. Aus gesundheitlichen Gründen gaben wir dann auf.

Neue Arbeit fand mein Mann in der Scharfschleiferei des *VEB GRW Teltow* (Volkseigener Betrieb Geräte- und Regler-Werke Teltow) und ich in der Produktion der *Firma Wilhelm Uhlig* in Teltow. Es lebte sich leichter mit geregelter Arbeitszeit, gutem Einkommen und einem Urlaubsanspruch.

Herta Kühnel, Jahrgang 1930

Karin Brunke, geb. Kühnel, Jahrgang 1952

Günter Kühnel, 1929 - 2011 Friseur
Lindenstraße 9

Das Grundstück Lindenstraße 9 gehörte den Großeltern meines Mannes. Mit seinen Eltern lebte mein Mann in der Schulstraße. Sein Vater, Walter Kühnel, führte zuerst in einem Anbau neben der Gaststätte von Otto Behrends (Lindenstraße/ Ecke Schulstraße) ein kleines Friseurgeschäft, später im Elternhaus den Herrensalon – über 27 Jahre.

Mein Mann hat in Berlin am Mexikoplatz seine Friseurlehre begonnen und sie wegen der Kriegsereignisse bei Jutzi in Kleinmachnow beendet. 1952 haben wir geheiratet und in dem Jahr ist unsere Tochter Karin geboren. 1954 hat mein Mann den Meistertitel erworben und das Geschäft übernommen. Ich hatte eigentlich in Kleinmachnow eine Verkaufsstelle des *KONSUM* geleitet, habe dann aber im Laden mitgearbeitet. Es war während dieser Zeit nicht einfach, privat zu wirtschaften. Oft genug bekamen wir „Besuch", der uns überreden wollte, in die PGH (Produktionsgenossenschaft des Handwerks) einzutreten. Deshalb nahmen wir damals auch Kontakt zu dem alten Meister meines Mannes in West-Berlin auf und überlegten, von Stahnsdorf wegzugehen. Doch ich hing an meinen Eltern, die in Teltow wohnten und außerdem konnten wir Schwiegermutter ohne eine Rente nicht allein lassen. Mein Mann äußerte sich gegenüber den Werbern unmissverständlich gegen einen Eintritt in die Genossenschaft. Er stehe klar zur Tradition seines Familienunternehmens und würde den Schritt in die PGH nur unter Zwang gehen. Zum Glück unterblieb dann irgendwann die Werbung.

Unser Material bekamen wir zuerst aus Teltow-Seehof, Herr Burke lieferte es. Später fuhr mein Mann an unserem Schließtag, montags, nach Potsdam, um Material bei der Berufsgenossenschaft einzukaufen. – Wir arbeiteten zeitweise zu zehnt. Zuletzt waren wir sechs. Den Friseursalon führte er fast 40 Jahre, bis 1991. Während dieser Zeit haben wir das Geschäft räumlich vergrößert. Dann wurden auch Damen und Kinder bedient. Unsere Wohnung befand sich zunächst in der Lindenstraße 32, wo sich unten rechts im Haus eine Bank befand. Später, 1957, kauften wir unser Haus in der Wilhelm-Külz-Straße kurz vor der Ortsgrenze zu Teltow und zogen dort hin. Da war unsere Tochter Karin fünf Jahre alt und 1963 wurde unser Sohn Ralf geboren.

Mein Mann ist täglich um 5:50 Uhr mit dem Bus gefahren. Manchmal nahmen ihn auch Busfahrer vom benachbarten Verkehrshof mit, wenn sie gerade keine Linie fuhren. Unsere Kundschaft von den Dörfern ließ sich schon frisieren bevor sie zur Arbeit gefahren ist. Frau Karin Westädt kam um 7 Uhr, wir anderen um 8 Uhr in den Laden. Doch sonnabends begann für alle die Arbeit um 6 Uhr. Die Busverbindung war aber am Sonnabend schlecht. Dann hat mein Mann mit dem Auto die Friseuse Brigitte in Teltow abgeholt, dann bin ich eingestiegen und so fuhren wir dann ins Geschäft. Inge Stahlberg und Frau Wurche arbeiteten auch sonnabends, kamen aber mit dem Fahrrad. Nachmittags haben wir oft auf Anmeldung gearbeitet, damit der Feierabend nach 13 Stunden gewährleistet war. Wir hatten auch Lehrlinge. Hannelore Lauber aus der Nachbarschaft in der Lindenstraße hat mein Mann sehr gern ausgebildet, weil sie von Anfang an mit Leib und Seele bei dem Beruf war. Heute besitzt Hannelore, verheiratete Heinrich, drei Friseurgeschäfte, eines davon in der Lindenstraße 34.

Trotz der beiden anderen Friseurgeschäfte in der Lindenstraße hatten wir genügend Kundschaft. Einige Kunden warteten schon mal eine Stunde. Wir hatten auch Kunden aus Berlin. Viele hatten hier in Stahnsdorf Verwandtschaft. Eine Dauerwelle kostete 11 Mark. Und weil das nach dem geltenden Umtauschsatz so preiswert war, schenkten sie uns auch Bohnenkaffee und Süßigkeiten. Die Kundschaft mochte die Atmosphäre in unserem Salon. Die Geschäftsleute aus den umliegenden Geschäften wurden zwischen 13 und 15 Uhr, also während ihrer Schließzeit, bedient. Für uns hatte das den Vorteil, dass wir „seltene" Waren ins Haus geliefert bekamen. Wie viele Bananen wollt ihr? Jeder eine Grüne Gurke? Den Preis für die Grüne Gurke im Frühjahr 1989 – 5,35 MDN (Mark der Deutschen Notenbank) werde ich nie vergessen. Die Chefinnen vom Schuhladen und *Modesalon* gehörten auch zu unseren Kundinnen. Also hatten wir auch dort gute Einkaufsquellen. Und im Laden von Frau Schulz, „Wirtschafts-Schulz", kaufte ich auch. Der Laden war nicht sehr groß, aber immer voller Kartons und mit gutem Angebot.

Ich bin meistens um vier oder fünf Uhr nachmittags nach Hause geschickt worden, um für unsere Familie zu kochen. Einkäufe erledigte ich bei Hamberger oder im Konsum. Im Konsum erhielten wir als Mitglieder dieser Genossenschaft Umsatzmarken, die in ein Heft geklebt, jährlich abgegeben wurden und für die dann etwas Geld zurückgezahlt wurde.

Spätestens um dreiviertel sieben war mein Mann dann zu Hause und wir aßen warm zum Abend. Während des Tages aßen wir alle unsere mitgebrachten Brote im Laden. Manchmal freitags gingen einzelne Angestellte zur Konsumgaststätte (ehemals *Zur Linde*) essen und brachten für die anderen eine Mahlzeit mit. Aber das Angebot war ja nicht so verlockend.

Urlaub haben wir nur einmal gemacht. Das Geschäft lief inzwischen weiter, und unser Freund Walter Juch vom Textilgeschäft gegenüber (Lindenstraße 10) hat dann abends immer die Abrechnung erledigt. Später einigten wir uns mit der Belegschaft über die Urlaubszeit und machten Betriebsferien. Als Privatunternehmer bekamen wir keine Ferienplätze, aber wir hatten eine Freundschaft in Göhren auf Rügen, wo wir oft gezeltet haben. Heinz Materne haben wir in Kriebstein besucht.

Für das Betriebsklima war es auch besser, wenn ich anwesend war. Ich musste so manches Mal mit zwei Friseurinnen auf den Hof gehen, um Aussprachen zu führen, damit die Spötteleien im Geschäft nicht außer Kontrolle gerieten.

Auch nach der Wende haben wir noch gearbeitet. Mit den neuen Materialien und Techniken kannte mein Mann sich aus, weil er sich auch immer weiterbildete. Aber die betriebswirtschaftlichen Anforderungen waren bald nicht zu bewältigen.

Sein Garten war meines Mannes Hobby. Ein Gewächshaus hatten wir und er schnitt eben gern. Von meinem Vater, einem Gärtner, hatte er es erlernt. Rosen schneiden, Bäume schneiden.

Und deshalb hat er dann auch auf meinem Grundstück gern geschnitten. Er hat das ein Leben lang gern getan. Deshalb bekam er von mir auch Scheren mit ins Grab.

Nach dem Krieg hatten wir Kaninchen. Später kauften wir Karin einen Dackel. Und irgendwann hatten wir nur eine Katze.

Als Karin klein war, betreute ich sie bis zur Einschulung zuhause. Ralf war als kleines Kind vier Tage in der Woche tagsüber bei meinen Eltern. Privatleute bekamen ja nicht so einfach einen Kindergartenplatz. Als Schulkind ging er in den Schulhort. Er wurde freitags von einer Hortnerin in den Laden gebracht, damit der Hort schließen konnte.

Den Schulweg nahm ich bis zum Laden mit dem Fahrrad. Das stellte ich im Schuppen unter und lief die letzten Meter zur Schule. Schulschluss bedeutete nicht „Nachhause-

gehen" – nein erst einmal in den Laden. Jedem Friseur/Friseuse wird die Hand gereicht und Guten Tag gesagt – das wurde mir anerzogen. Dann hab ich gefragt, ob ich behilflich sein kann. Manchmal sollte ich schnell mal in einem Lebensmittelgeschäft in der Lindenstraße etwas einkaufen, manchmal draußen hinter dem Haus Handtücher auf die Leine hängen, Handtücher zusammenlegen. Vati hat eine Wäschemangel gekauft, damit wir die Wäsche damit glätten konnten. Mir war bewusst, dass meine Eltern Selbständige waren und wir alle an einem Strang ziehen müssen. Das hat mein Vater immer betont. Wir können schöne Urlaubsreisen unternehmen, wir haben ein schönes Häuschen und dafür muss jeder helfen. Ich bin mitgefahren, wenn er Ware einkaufen fuhr, hab geholfen, den Laden sauber zu machen.

Die Nähe von der Schule zum Geschäft wirkte sich auch manchmal nachteilig für mich aus. Einmal haben wir im Klassenraum eine Lehrerin mit Erbsen beworfen. Und prompt wussten meine Eltern schon darüber Bescheid als ich von der Schule kam. – Erst wenn für mich alles erledigt war, bin ich mit dem Fahrrad oder auch mit dem Bus nach Hause gefahren. Dort wusste ich, sind zuerst die Schulaufgaben zu erledigen bevor ich spielen gehen konnte. Einige meiner Mitschülerinnen wohnten in der Nähe. Unser Spielgebiet war die Kleiststraße und über die Hauptstraße das unbebaute Gelände neben den Industriebahnschienen – bevor es zuerst durch den VEB GRW (Volkseigener Betrieb Geräte- und Regler-Werke) Teltow bebaut wurde. Dort bauten wir Buden. Mit unseren Puppenwagen konnten wir in die Wiesen am Ende der Kleiststraße spazieren oder zu einer Freundin in den Garten gehen. Kirschen durften wir gleich vom Baum essen. – Manchmal musste ich meinen kleinen Bruder wickeln und natürlich später immer auf ihn aufpassen.

Am 17. Juni ging ich zu Hamberger einkaufen und da erfuhr ich von dem Aufstand in Berlin. Wir kannten die Panzerbewegungen vom Krieg, hatten natürlich Angst, aber es war ja nach wenigen Tagen wieder ruhig und wir verdrängten, was wir erlebt hatten. Wir sprachen nicht viel mit Nachbarn darüber, weil wir kein Vertrauen hatten. Ich hatte ja die Kriegszeit in meinem Elternhaus im Teltower Striewitzweg erlebt. Am 23. April 1945 kamen die Russen nach Teltow, und ein Geschoss traf unser Schlafzimmer. Ich trug „nur" eine Augenverletzung davon.

Im Saal von Materne, später Stahnsdorfer Hof, haben wir gern die jährlichen Tanzvergnügen vom Männerchor besucht. Wir hatten dann schon für unseren Freundeskreis einen Tisch reserviert und genossen diese Abende. Mein Mann war passives Mitglied im Männerchor. Er konnte zwar gut singen, aber die Zeit für Proben fehlte. Er saß ja nach Geschäftsschluss noch zu Hause und machte die Abrechnung zur Vorlage bei der Steuerberaterin Fräulein Plehn in der Markhofsiedlung.

Ich bin schon als Kind oft nach Steglitz gefahren und später bis 1961 auch, um besondere Waren einzukaufen. Kleidung für Karin. Mit der Straßenbahn 96 und dann in Seehof umgestiegen, an der Grenze durch die Ausweiskontrolle und mit der 77 ging es dann weiter.

Mit der Straßenbahn 96 bin ich gern gefahren. Aus Spaß bei Fahlberg eingestiegen und in die entgegengesetzte Richtung mitgefahren bis zur Schleuse und dann wieder bei Fahlberg vorbei bis nach Hause.

Bei Bäcker Wilke holten wir Schrippen, Brot aßen wir nur von Reck und die Knüppel schmeckten bei Fahlberg am besten.

Eine Tasse Kakao und ein Knüppel mit Butter – das ist mir in guter Kindheitserinnerung.

Grete Schaer, geb. Hamberger, Jahrgang 1935

Heinz Hamberger, Jahrgang 1939

Walter Hamberger, 1904 - 1966
Kolonialwaren-Lebensmittel, Lindenstraße 22/24

Weil sein Vater Arbeit bekam in der Porzellanfabrik Teltow ist mein Vater als Kind von Rudolstadt nach Stahnsdorf gekommen. Seine Lehre als Kaufmann absolvierte er bei Lotte Lautenbach im Lebensmittelgeschäft in der Lindenstraße 8, das 1952 vom KONSUM übernommen wurde.

Unser Lebensmittelgeschäft in der Lindenstraße führte mein Vater von 1933 bis Mai 1960. Zwei gekachelte Schaufenster, in denen immer eine Clivia stand.

In der Weihnachtszeit hat mein Vater ein Schaufenster festlich gestaltet mit Tanne, Watte, unserer Weihnachtsbaumbeleuchtung und der kleinen elektrischen Eisenbahn meiner Brüder.

Das Haus hatten wir vom Großvater Albin Hamberger geerbt, der dort mit unserer Familie wohnte.

Vor dem Krieg

Unsere Familie

Ich habe ältere Zwillingsgeschwister, Grete und Hans, und einen Halbbruder – eigentlich mein 1950 verwaister Cousin – Lothar, Jahrgang 1945. Sein Vater Max Hamberger (Bruder meines Vaters) wurde nicht zum Militär eingezogen, weil er auf unserem Hof den Kohlenhandel (von seinem Vater Albin Hamberger) weiterführen musste. Anfangs transportierte er die Kohlen mit dem Pferdefuhrwerk, etwa ab 1939 hatten wir dann ein Auto. Auch eine Laderampe erleichterte die Arbeit etwas. Dann wurden die Kohlen bei uns in Kästen gestapelt und ausgeliefert. Onkel Max ist 1945 im Volkssturm umgekommen, seine Frau, die Mutter meines Cousins, ist an Krebs verstorben.

Den Kohlenhandel gab es dann nicht mehr. Später verkauften wir die leeren Kästen an andere Kohlenhändler, an Paul Grimm beispielsweise.

Wir konnten auf unserem Grundstück gut spielen, auch andere Kindern kamen hinzu. Als kleines Kind lief ich immer auf die Lindenstraße und weil meine Eltern mich aus dem Laden heraus nicht so gut beobachten konnten, schickten sie mich in den Sandkasten, in Sichtweite vom Haus aus. Mein Vater erdachte eine „Kindersicherung" – er band mir eine lange Leine um einen Fuß und befestigte sie an der Kastanie. Ich schämte mich wohl und war deshalb eifrig bemüht, diese Fessel unter dem Sand zu verscharren. Sehr zum Spaß der erwachsenen Beobachter.

Mittwochs nachmittags war der Laden geschlossen. Im Sommer fuhr mein Vater mit uns drei kleinen Kindern im Transportkorb am Lenker eines Fahrrades an den Kleinen Wannsee zum Baden.

Unseren Haushalt hat meine Mutter, Leopoldine, bewirtschaftet. Manchmal hatten wir ein Pflichtjahr-Mädchen, vor dem Kriegsende arbeitete eine Russin bei uns. Und bei meinem Onkel draußen auf dem Kohlenhof arbeitete ein Franzose, ein Kriegsgefangener oder Zwangsarbeiter, der am *Machnower See* untergebracht war. Beide wurden bei uns behandelt wie rohe Eier. Der Franzose mochte mich sehr. Er hat geweint als er sich von unserer Familie nach Hause verabschiedet hat.

Als erstes Mädchen war eine Ukrainerin, Maria, bei uns beschäftigt. Sie hatte starke Schmerzen in den Füßen. Daraufhin hat mein Vater sie in einer Fabrik untergebracht, wo sie eine sitzende Arbeit verrichten konnte. Aber wenn sie Sonntagnachmittag Ausgang hatte, setzte sie sich auf unseren Hof, fütterte Hühner, stopfte Socken. Sie war sehr gern bei uns. Später hatten wir Vera, eine Studentin aus Petersburg, die sogar bei uns ein kleines Zimmer bewohnte. Soviel mir in Erinnerung ist, waren diese jungen Frauen von der Straße weggefangen worden.

Während eines Fliegeralarms war mein Vater mit einem Freund auf dem Motorrad noch in der Lindenstraße unterwegs. Und weil in dem Moment Dunkelheit zu herrschen hatte, erkannte der Fahrer das vor ihm parkende Auto nicht und fuhr auf. Mein Vater trug durch den Unfall eine Knieverletzung davon. Dass er deshalb nicht zum Militärdienst eingezogen werden konnte, entschied der damalige Major Fritz Pechtel (Gastwirt von „Hubertus") nach langer Überlegung. In unserem Luftschutzkeller konnte Vater mit seinem gestreckten Bein nicht so lange sitzen und wegen des Platzmangels wurde für ihn in dem angrenzenden Kellerraum eine Liege aufgestellt.

Wir saßen im schützenden Keller als 1943 Stahnsdorf mit Bomben angegriffen wurde, mein Onkel Max stand in seiner Feuerwehruniform draußen im Hof und beobachtete die Lage. Als wir das Jaulen der Flieger hörten, riss er plötzlich die Kellertür auf und schrie „Jetzt wird es uns gleich erwischen." Dann knallte und staubte es im Keller, aber es blieb nur der Schweif zu sehen – die Bombe fiel auf Grothes Anwesen.

1944 mussten wir manchmal nachts aufstehen, um in den Keller zu gehen und uns vor Bombenangriffen zu schützen. Nachts kamen die Engländer und die Amerikaner, am Tage die Russen. Morgens sind wir hoch in die Wohnung, waschen, anziehen, zur Schule.

Wer es von der Gemeindeverwaltung in der Schulzenstraße bei Bombenalarm nicht nach Hause geschafft hat, kam in unserem privaten Luftschutzkeller unter. Den Kindern in der Schule wurde freigestellt, ob sie nach Hause laufen wollten (in die Boschsiedlung, Vogelsiedlung usw.) oder in der Schule bleiben. Es wurde auf alles geschossen, was sich bewegte. Die Tiefflieger hab ich selbst in der Blumensiedlung erlebt, so schnell konnte man sich gar nicht aufs Feld schmeißen wie die geschossen haben. Graben oder Hecke waren sicherer. Wir Kinder konnten an den Motorengeräuschen die Flugzeuge den Amerikanern oder den Russen zuordnen.

Es kursierte die Idee, Panzersperren gegen die russischen Panzer könnten noch etwas retten. Eine stand bereits in der Hauptstraße bei Bäcker Wilke. Also errichteten u. a. mein Vater, Bauer Hönow, Herr Giester, Schlosser Rasemann eine Panzersperre direkt vom Laden bis auf die andere Straßenseite zur Drogerie. Ich erinnere mich noch: ich stand in der Küche, draußen im Garten begann es zu grünen und ich sah durch das Blattwerk ein langes Rohr und begriff, dass dies der erste Panzer war, den ich sah. Er kam die Lindenstraße hoch in Richtung Güterfelde. Als er dann an der Sperre anhielt, drehte er das Rohr, weil er weiteren Widerstand erwartete, überfuhr dann aber die Straßensperre.

Nachher 1945 im April standen bei uns im Garten ja auch zwei oder drei russische Panzer Die blühenden Kirschbäume dienten als Deckung.

An Schüsse aus einer Pistole erinnere ich mich. Als wir alle im Luftschutzkeller unseres Hauses saßen, riss jemand oben die Tür auf und schoss in den Keller. Wir waren erstarrt vor Angst. Als es dann draußen ruhig wurde, war meine Tante so mutig, die Kellertür von innen zu verriegeln. Nach einiger Zeit sind wir nach draußen, über unser Grundstück zu Hönows nebenan gelaufen. Wir hörten im Rücken schon russische Lkw's auf unser Grundstück fahren.

Im Graben hinter dem Gehöft von Bauer Letz und Heinickes Gärtnerei lag lange Zeit ein Toter. Niemand hat sich darum gekümmert und wir Kinder sind immer diesen Weg entlang zu meiner Tante gelaufen und gruselten uns.

Auf jedem Gehöft in Stahnsdorf lagen Tote. Wir Kinder haben viele Tote gesehen, russische und deutsche Soldaten. Die ganze Lindenstraße entlang. Pfarrer Kopetzki hat die Leichname dann eingesammelt und vor dem Friedhof ein

Massengrab eingerichtet. Später wurde das wieder geöffnet, um die Toten entsprechend ihrer Erkennungsmarken zu identifizieren und in die Heimat überführen zu lassen.

Als die Russen 1945 Stahnsdorf verteidigen wollten, mussten wir unser Haus verlassen, weil die Lindenstraße ja als Durchgangsstraße für das Militär diente. Unsere Familie saß im Keller als die Russen kamen, um das Haus zu räumen. Unsere Russin Vera kam hinunter „Chef, oben plündern sie deine Wohnung." Sie dolmetschte für uns und wollte gern bei uns bleiben, aber sie wurde gezwungen, mit den russischen Soldaten mitzugehen.

Inzwischen hatten sich SS-Männer oben in unser Haus geschlichen, um Zivilkleidung anzuziehen und zu fliehen. Deren später vorgefundenen Uniformen waren für die Russen der Anlass, unser Haus niederzubrennen.

Wir suchten zunächst Zuflucht bei den Nachbarn, Paul Hönow.

Von dort aus gingen wir für einige Tage zu Kaspers in den Asternweg. Dort war es aber zu gefährlich. Betrunkene Mongolen kamen als Vortrupp der Russen. Sie schossen um sich, hielten die Maschinenpistolen im Anschlag und riefen „Wo ist Frau?" Viele Männer aus der Blumensiedlung hatten sich versammelt, um die sich versteckt haltenden Frauen zu schützen. Zum Glück kam dann ein Offizier und hat die Mongolen dann zur Vernunft gebracht, weil er gesehen hat, dass da keine Frauen waren.

Mein Vater hatte erfahren, dass auf dem Dorfplatz ein Treck zusammengestellt würde.

Bevor wir jedoch mit dem Pferdefuhrwerk von Liefeldts nach Blankensee flüchteten, gingen wir noch einmal in unser Haus. Eine Woche bevor wir unser Haus verlassen mussten, wurde in Stahnsdorf eine sogenannte Eiserne Ration verteilt. Schokoladenriegel und Dosenfleisch – das Päckchen kostete immer zwei Mark. Das eingenommene Geld hatten wir in der Kasse. Doch nun lag im etwa sieben Meter langen Flur das ganze Geld aus der Kasse – wie ein Teppich. Alles Zwei-Mark-Scheine. Da haben wir uns hingesetzt und begonnen, das Geld einzusammeln als wir oben im Haus Schritte hörten und wegliefen. Achtzehntausend Mark konnten wir mitnehmen und einen Koffer hatten wir packen können für die ganze Familie. In Blankensee waren wir im Schloss einquartiert, hatten ein schönes großes Zimmer. Meine Eltern schliefen in einem Bett. Ich hatte einen Platz auf einer Ofenbank.

Die Frauen sind auf die Felder gegangen, um das erste Gemüse zu ernten für einen Eintopf, den Frau Elfriede Liefeldt in dem großen Waschkessel in der Waschküche des Schlosses für alle kochte. So aßen wir jeden Tag unseren Teller Suppe.

Dann kam ein deutsch sprechender russischer Offizier zu einem Kontrollgang mit einer Frau in einem weißen Pelzmantel und mit roten Stiefeln. Diesen befremdlichen Anblick vergesse ich nicht.

Einmal kam nachts ein Offizier in einer weißen Jacke, um uns heraus zu kommandieren. Meine Mutter fragte, ob wir unsere Sachen mitnehmen sollten. Sie bekam zur Antwort: Ja, sie kennen ja die Schweine. So sprach er von seinen eigenen Leuten.

In Blankensee hab ich zum ersten Mal gesehen, wie ein Schwein geschlachtet wurde. Mit anderen Kindern hab ich zugesehen, wie ein Russe ein in einem Verschlag stehendes Schwein erschoss. Dann wurde es zerlegt und ausgenommen und wir bekamen auch etwas Fleisch. Beim Bäcker gab es auch Brot. Also wir sind dort ganz gut zurechtgekommen. Nach etwa einer Woche konnten wir nach Hause.

In den Straßengräben neben den Landstraßen auf dem Weg von Blankensee nach Stahnsdorf sahen wir tote Kühe, Pferde, zerfetzte Menschen – so viel Grausames.

Auf dem Rückweg fand mein Bruder im Wald ein neues Fahrrad. Mein Vater fuhr damit, aber unterwegs hat ihm ein Russe das abgenommen und ihm dafür eine altes mit so einem Korb am Lenker gegeben. Das brauchten wir ja wirklich für den Laden. In der sehr kleinen Fahrradwerkstatt Fietzmann (Lindenstraße 37) wurde es repariert. Ich erinnere mich noch: wie ein schmaler Gang, in dem die Fahrräder nur hintereinander Platz hatten.

Als wir zurück nach Stahnsdorf kamen – daran erinnere ich mich ganz genau. In der Friedrich-Naumann-Straße, etwa in Höhe der Zilleschule, befand sich das erste Haus. Mein Vater fragte vom Pferdefuhrwerk aus: wie ist denn die Lage in Stahnsdorf? Da bekam er zur Antwort: Hambergers Haus ist abgebrannt. Das war ein Schock. Als wir in der Lindenstraße ankamen, sahen wir das qualmende, ausgebrannte Haus. Sogar im Luftschutzkeller hat es gebrannt. Eigentlich waren die Decken viel zu dick als dass der Brand sich ausbreiten konnte, aber die Russen hatten die Tür geöffnet und Flammenwerfer hinein gehalten. Leider ist unser Hund dabei verbrannt.

Wir besaßen nun nichts mehr und zogen für einige Monate zu meiner Tante in die Potsdamer Straße. Danach wohnten wir drei Jahre in der Bachstraße im Haus der Frau Benicke. In ihrem ehemaligen Lebensmittelgeschäft wirtschafte dann mein Vater auch als Zwischenhändler. Er verteilte von dort aus die großen Mengen, zum Beispiel Öl aus großen Fässern, an die ungefähr elf kleineren Lebensmittelgeschäfte. Öl holte er aus Magdeburg, Hefe aus Quedlinburg, Sauerkraut aus dem Spreewald. Bei „Öl" fällt mir das Leinöl ein, das wir von einem Teller mit Brot aufstippen mussten und bei „Sauerkraut" sehe ich noch die Frauen vor mir, die mit nackten Füßen das Kraut stampften.

Gleich nach 1945 hielten wir einen Ziegenbock zur Selbstversorgung, später Schweine und Hühner. Ich erfreute mich als Kind an einem Taubenschlag, in dem ich Tauben züchtete – Strasser, Brieftauben ... Aber jemand war neidisch und hat über Nacht allen Tauben den Kopf abgedreht. Ein Onkel gab mir ein paar neue Tauben ab, aber die Züchtung dauert ja so ihre Zeit.

Unser Haus baute mein Vater gemeinsam mit seinem Freund,  dem Bauunternehmer Ernst Krause, bis 1948 wieder auf.

Die Ware für unser Lebensmittelgeschäft wurde nicht geliefert. Ich weiß nicht, woher mein Vater sie holte. Jedenfalls mussten wir unbedingt ein Auto haben. Zuerst besaßen wir ein „Dreirad". Es war ein umgebauter Jeep von der deutschen Armee. Damit ist mein Vater einmal beim Einbiegen in die Krughofstraße umgekippt.

Unser Brot kauften wir bei Bäcker Reck, schräg gegenüber unserem Geschäft. Auch mit ihm verband uns ein Kriegserlebnis: Mein Vater hielt mich auf dem Arm als ich sah, wie ein Russe auf den Meister, der mit erhobenen Händen und Gesicht zur Wand draußen vor seinem Haus stand, sein Gewehr auf ihn richtete. Ich soll sehr laut gebrüllt haben, so dass der Russe von ihm abgelassen hat. So hab ich ihm wohl das Leben gerettet.

Der Russe hörte das, drehte sich um und kam auf unsere Familie zu. Er beruhigte Heinz und forderte im gleichen Atemzug von meinem Vater „Uri, Uri!" Und mein Vater, der gutmütige Mensch, übergab Ihm den Schmuck meiner Mutter, den er in ein großes Taschentuch gewickelt in der Innentasche seiner Jacke bei sich trug. Der Russe zog glücklich ab und auch der Bäcker war ins Haus gegangen.

In der Lindenstraße lagen mehrere Tote. Niemand hat sie angerührt, aus Angst. Und wir sind ja dann bald wieder zur Schule gegangen, hatten Junglehrer. Es dauerte lange, bis alles wieder in Ordnung kam.

Die Drogerie Vogel gegenüber gab es schon während des Krieges.

Nach dem Krieg fand sich ein gutaussehender Herr De Langoilette aus der Branche mit seiner Mutter ein, der die Heirat mit der Drogerie-Inhaberin nicht so ernst nahm und bald wieder verschwand. Danach fand sich ein Stahnsdorfer Drogist, der ihr das Geschäft führte.

Schuhe brachten wir in die Werkstatt zu Meister Henkel in der Schulzenstraße, rechts vor dem damaligen Sitz der Gemeinde. Der hat auch immer meine Fußbälle repariert.

Reisen kannte ich nur als Klassenfahrten nach Bad Schandau. 1950 sind meine Eltern unter Schwierigkeiten wegen einem Familienanlass in die Heimat meiner Mutter nach Österreich gereist. Für mich brachten sie einen Fußball mit. Ich war der einzige Junge in der Gegend, der einen Fußball besaß. Da war ich der Größte! Wir haben immer auf der freien Fläche im Hönow-Wäldchen oberhalb der Mühlenstraße gespielt. Haben richtig Mannschaften gebildet. Mein Vater kam manchmal drohend mit einem Rhabarberstängel dorthin, weil er meinte, ich hätte die Zeit zum Hausaufgaben erledigen vergessen.

Mit Heinz war ich aber einmal in Saalfeld bei einer Tante, das war etwa 1951. Er hatte gerade seinen Fußball bekommen und sah dort im Schaufenster eine Pumpe liegen. Jeden Tag stand er sehnsüchtig davor, hat auch „Theater" gemacht, aber ich hatte ja kein Geld.

1953 reiste ich einmal mit meiner Mutter zu Verwandten nach Österreich. Ich bin während des Krieges in den Ferien immer nach Österreich gefahren. 1944 war ich ein Jahr dort in Linz in die Schule gegangen. Mein Zwillingsbruder ging währenddessen in Stendal zur Schule, wo Freunde meiner Eltern ihn auf ihrem Gutshof aufgenommen hatten. Heinz blieb bei den Eltern.

Vor dem Mauerbau stellte ich bei der amerikanischen Botschaft in Berlin einen Antrag auf einen amerikanischen Pass, der es mir ermöglichte, meine Großeltern in Österreich zu besuchen.

Die Straße musste ich jede Woche fegen. Ich habe auf dem Hof geholfen, Kartoffeln verkauft. Die wurden ja lose angeliefert. Die Kunden bezahlten im Laden, kamen dann mit dem Zettel zu mir und dann musste ich mit der großen Waage die entsprechende Menge abwiegen. Die Kunden brachten Taschen, Netze oder Beutel mit, in die ich die Kartoffeln schüttete.

Ich wollte eigentlich zur Victoria-Fachschule, um Bibliothekarin zu werden. Eine ehemalige Lehrerin wollte das mit dem Schulgeld für mich regeln. Aber mein Vater konnte sich keine Angestellte im Geschäft leisten und allein mit meiner Mutter hätte er das nicht geschafft. Ich hab dann die dreijährige Wirtschafts-Ausbildung absolviert.

An Familienfeiern mit Freunden meiner Eltern durften wir nur indirekt teilnehmen. Ich erinnere mich, dass wir Kinder bei Familie Töpfermeister Werner, bei Walter Juch oder bei uns auf der Treppe saßen und lauschten, was die Erwachsenen so erzählten. Auch die Musik hörten wir aus dem Radio und dem Grammophon. Zum Freundeskreis gehörten auch Bauern, deshalb wurde immer gut aufgetafelt. Davon bekamen wir Kinder natürlich auch etwas. Meine Eltern gingen sonst nicht aus.

Die größte Feier jährlich war der Geburtstag meines Vaters im November. Da kamen Bauer Liefeldt, Zahnarzt Donnewehr, Baumeister Krause, Textilhändler Juch, Spenglermeister Kaspers und andere. Früher gehörten bei den Feiern abends die Kinder nicht mit an den Tisch. Als ich größer war, hab ich mit meiner Freundin die Garderobe abgenommen und in der Küche geholfen. Eine Wirtschafterin, die Mutti für solche Feste zur Hilfe anstellte, hat gekocht und wir – mit weißen Schürzen und weißen Häubchen – haben serviert. Das war schon lustig, zumal die Herren der Gesellschaft sich immer mal in der Küche aufhielten.

Vater ging nicht in Kneipen. Bier habe ich für ihn in einem 2-Liter-Siphon aus der Kneipe schräg gegenüber bei Anna Behrends geholt. An die alte Kneiperin kann ich mich noch gut erinnern. Ihr Mann, Otto hat mir mal mit einer Kelle auf den Hintern gehauen. Aus welchem Grund, weiß ich nicht mehr. Auch beim Nachfolger Hugo Meden hab ich Bier geholt.

Die erste Zigarette hab ich mir angesteckt als ich mit Freunden bei uns auf der Couch saß. Ich wurde gerade achtzehn. Ich dachte, mein Vater fällt um, so hat er mich angeschrien. Er war absoluter Nichtraucher. Dazu muss man aber wissen, dass meine Mutter immer geraucht hat. Aber ich vergesse das Bild nicht: meine Mutter kniete sich vor den gekachelten Kochherd und pustete den Zigarettenqualm ins Feuerloch.

Aus Respekt vor meinem Vater hätte sie niemals im Wohnzimmer eine Zigarette geraucht.

Während des Krieges gab es zu Weihnachten immer Militärspielzeug. Panzerspähwagen für meinen Bruder und so. Ich bekam kleinere Sachen. Nach dem Krieg gab es kleine Shell-Autos, auch Murmeln. Und wir haben geklimpert mit kleinen Geldstücken gegen eine Mauer.

Ich habe oft mit Puppen gespielt. Es gab ja wenig Spielzeug. Aber ich hatte zwei Puppen, eine große und eine kleine. Für die große Puppe hat meine Mutter von unserer Schneiderin ein Brautkleid mit Schleier nähen lassen. Und die kleine Puppe wurde als Brautjungfer angezogen, in einem rosa Kleidchen. Ich hatte auch einen alten Puppenwagen. Und von Tante Martchen Juch bekam ich immer die Erstlingskleidung von ihrer Tochter Hannelore. Mein Vater hatte einen Freund in Berlin, der mit einer Engländerin verheiratet war. Die Familie war ausgebombt und so besaßen deren beide Mädchen nichts mehr zum Spielen. Da habe ich auf Bitten meiner Eltern meine Brautjungfer „geopfert" – eine Schildkrötpuppe.

Nach dem Krieg besaßen wir nichts mehr. Bekannte unserer Familie hatten inzwischen schon erwachsene Kinder. Und zum ersten Weihnachtsfest nach dem Krieg brachte mir die Frau von Prof. Mommsen (Parkallee) eine kleine Puppe und eine Puppenwiege. Sie brachte oft abgelegtes Spielzeug, damit meine Mutter uns auch etwas schenken konnte. Und weil ich viel gelesen habe, bekam ich später Jungmädchenbücher, von denen ich einige noch heute besitze.

Am Kindertag haben wir uns in der Schule über eine Bockwurst und noch mehr über die Schrippe dazu gefreut. Zwar hatte ich genug zu essen, aber die Schrippe war das Besondere.

Wir waren keine großen Esser. Für meine Eltern war das ein Glück. Ich war froh, wenn ich nichts essen brauchte. Habe in der Schule immer meine Schulstullen an hungrige Mitschüler verschenkt.

Mein Vater war ein gutmütiger Kaufmann. Er ließ die Stammkunden „anschreiben", hat ein Buch geführt, in das er deren Schulden eintrug. Hin und wieder musste ich die Leute aufsuchen, um zu fragen, ob sie nicht etwas bezahlen könnten.

Ich habe die Kunden immer im Laden ermahnt. Und ich denke, der Schuldenberg war so groß, dass wir mit Sicherheit ein Haus davon hätten bauen können.

Anfang der 50er Jahre standen immer drei Fässer in unserem Laden: ein Fass Sauerkraut, ein Fass Saure Gurken und ein Fass Grüne Heringe. Wenn der Hering auf den weißen Kittel tropfte, gab es sofort Rostflecke wegen der scharfen Lake. Die Kunden brachten für diese Waren Schüsseln mit, auch für Marmelade, die wir in Pappeimern anboten.

Wir fuhren mit einem Netz in der Hand mit der Straßenbahn 96, um Tüten zu holen. Pfund-Tüten. Blaue waren für Zucker, weiße für Mehl und Spitztüten kauften wir. Nach Feierabend wurde dann vorgearbeitet und ausgewogen: Pfund und Kilo. Besonders viel war vorzubereiten, wenn Feiertage bevorstanden. Da standen wir nach Feierabend zu Dritt im Laden. Ebenso wurde auch die Butter vom Block mit einer geriffelten Holzkelle abgestochen, ausgewogen und in pergamentartiges Papier gewickelt. Die Butter aus dem Papier, in das die Butterblöcke eingepackt waren, kratzte mein Vater ab und machte Butterschmalz zum Verkauf. Bis Ende der fünfziger Jahre gab es ja keine abgepackte Ware. Geliefert wurde uns diese Ware in großen Säcken von der DHZ.

Verpackungsmaterial, also Papiertüten, haben wir in Teltow bei der Papierfabrik Görges gekauft. In die kleinsten weißen Tüten, wie sie bei anderen Händlern als Zigaretten- und Zigarrenverpackung genutzt wurden, füllten wir dann je 10 Gramm gemahlenen Kaffee. Die Kaffeebohnen, mussten wir zuvor selber rösten und mahlen.

Den Rohkaffee haben wir in Zehlendorf in einem großen Lager in der Nähe des S-Bahnhofs „schwarz" gekauft. Das waren Kilo-Pakete, die grüne Kaffeebohnen enthielten. Außerdem gab es dort Gewürze, Därme und Bindfäden zu kaufen. Alles was man zur Fleischverwertung brauchte. Mein Vater hatte so eine Art Blechtrommel, die von unten beheizt wurde, ähnlich einem Grill. Sie musste immer gedreht werden, damit die Bohnen nicht verbrannten. So manch eine Kundin kam sonntags über Mittag und hat 10 g Kaffee für 1,50 Mark gekauft. Es war Gang und Gäbe auch außerhalb der Geschäftszeiten zu Diensten zu sein. Mein Vater war geschäftstüchtig. Er hat zum Beispiel auch im Garten eine riesengroße Miete angelegt für Rüben, Möhren, Kartoffeln, Weißkohl, Rotkohl – damit er im Frühjahr Gemüse anbieten konnte. Einmal saßen wir am ersten Weihnachtfeiertag beim Mittagessen, da klingelte eine Kundin, die Grünkohl kaufen wollte. Der Grünkohl lagerte in der Waschküche und war gefroren. Also ich musste den Grünkohl draußen abwiegen.

Mit dem Geschäftsschluss nahmen es manche Kunden nicht so genau. Der Pastor zum Beispiel, hatte immer mal etwas vergessen – kam nach einem Pfund Salz. Oder während der Besatzungszeit kamen die Russen, um Schnaps zu kaufen. An ein aufregendes Ereignis erinnere ich mich: Mein Vater hatte Erich Dähne zu Besuch als es unten klopfte. Wegen der ungewöhnlichen Tageszeit gingen beide hinunter, um zu öffnen und schon wurde Erich durch einen Messerstich von einem Russen am Arm verletzt. Es gelang aber beiden Männern, die Tür von innen mit einer Eisenstange zu sichern, und dann war draußen Ruhe.

So manches Mal haben wir nachts Angst gehabt, weil die Russen unten nach Schnaps gerufen haben. Mein Vater durfte ja nicht an die Russen verkaufen. Da hatten wir dann auch

Angst um unser Auto auf dem Hof. Deshalb hat er dann eine einfache Alarmanlage installiert.

Zwischen eins und drei war der Laden geschlossen. Aber die Hausfrauen kamen ganz kurz vor eins und kurz vor drei.

Mein Vater hat sich sonntags mittags hingelegt und meine Mutter saß in ihrem Sessel und hat gelesen. Also musste ich die Kunden bedienen. Ich hab mich einmal so geärgert und deshalb ein Schild an die Tür gehängt: „Zwischen 13 und 15 Uhr Klingeln und Klopfen zwecklos." Mein Vater ist beinahe durch die Decke gegangen als er das Schild vorfand. Für ihn stand der Kunde im Mittelpunkt. Um Konkurrenz unter den Lebensmittelhändlern ging es dabei nicht. Die verstanden sich gut untereinander. Mein Vater hat bei Herrn Sehring zum Beispiel das Autofahren erlernt. Ich bin dort auch manchmal einkaufen gegangen. Ich sehe die Lebensmittelhändlerin Else Sehring immer noch an dem großen Block Margarine stehen.

In den Tagen vor dem 17. Juni 1953 haben die Leute wegen der Unruhen in Berlin gehamstert. Wir hatten nichts mehr – weder Kaffeeersatz, noch Seife oder Schuhcreme. Die Regale waren leer. In jenen Tagen durfte ab abends um 19 Uhr niemand mehr auf der Straße sein. Ausgangssperre. Geschäfte und Gaststätten hatten um diese Uhrzeit zu schließen. Und doch gab es unbeschwerte Menschen wie Freund Jule Schaefers, den Tabakwarenhändler aus der Hauptstraße, der eines Abends ans Küchenfenster klopfte.

In seiner Freizeit hat mein Vater Berichterstattungen von Fußballspielen im Radio gehört. Als 1954 die Fußballweltmeisterschaft stattfand, ist er nach Teltow-Seehof zu Bekannten gefahren, um dort fern zu sehen. Ich durfte immer hier am Ende der Lindenstraße zum Friseur Warsinski kommen, um Fußballübertragungen zu sehen. Und manchmal hat mich ein Nachbar mit ins Olympiastadion nach Berlin genommen – ich sah mein erstes Länderspiel: 1951 Deutschland : Türkei, die Deutschen haben verloren.

Ich erinnere mich an meine erste Fernsehsendung: Die Krönung der englischen Königin sah ich bei Bauer Liefeldt, dann später besaßen Kaspers ein Gerät, wohin wir auch öfter gingen.

In den späten fünfziger Jahren haben wir uns einen Fernsehapparat, ein Standgerät, angeschafft.

Wir besaßen zwar ein Fernsehgerät, aber eigentlich haben mein Vater und ich nach Geschäftsschluss die Lebensmittelmarken aufgeklebt und dabei Radiosendungen gehört. Manchmal kam uns auch Erich Dähne helfen. Da gab es nur eines: fernsehen oder Marken kleben ...

Als Kind ging ich in die Parklichtspiele in Stahnsdorf ins Kino. Mit vierzehn bin ich nach Berlin gefahren, meistens nach Lichterfelde, oder nach Zehlendorf ins *Bali* – für Ostbesucher 1:1.

Ich habe etwa ein Dreivierteljahr in Lichterfelde-Süd im Lebensmittelgeschäft gearbeitet, damit ich lernen konnte, wie man Wurst und Käse schneidet. Diese Waren gab es ja bei uns nicht. Im Anschluss an die Arbeit bin ich dort oft ins Kino gegangen.

Ich hab später auch ein Regal für den Laden gebaut, denn ich hatte ja bei Dellinger auf dem Dorfplatz Tischler gelernt. Der Meister ist dann in den Westen abgehauen und ich hab dort nach Feierabend noch an den Maschinen gewerkelt, auf denen schon der „Kuckuck" darauf klebte. Allerdings musste ich das Material dann noch an den Staat bezahlen.

1958 wurden wir HO, mit familienfremden Angestellten, die der gegenüberliegenden Drogerie hohe Umsätze an Kosmetikartikeln einbrachten. Bei uns war häufig ein Manko zu verzeichnen. Mein Vater hat immer Geld zugesetzt. Wir hatten vier Schweine gefüttert und das Fleisch mit verkauft. Trotzdem blieb kein Gewinn übrig. Bis es nicht mehr ging. Mein Vater wurde bei der Behörde vorgeladen, um sich für die Rückstände zu rechtfertigen.

Mein Vater hat immer gesagt, er lässt sich nicht einsperren wegen nichts und wieder nichts. Sicherheiten waren ja da, aber der Staat wollte ja unbedingt unser Haus und das Grundstück haben.

Im Mai 1960 entschlossen sich meine Eltern am Frühstückstisch – aus Angst vor einer Festnahme wegen der Steuerauflagen – mit uns drei Jungens Stahnsdorf zu verlassen, um in West-Berlin zu bleiben. Es gab im Geschäft Inventurdifferenzen, die wahrscheinlich mit Diebstahl durch die Angestellten zusammenhingen und für uns anders nicht zu erklären waren. Vater war sehr vertrauensselig, weil er das Geschäft immer als Familienunternehmen geführt hatte.

Meine damalige Freundin und jetzige Ehefrau Elfriede wollte zunächst mit. Da sie aber offiziell noch nicht zur Familie gehörte, hätten wir im Flüchtlingslager nicht zusammengehört. Nach drei Tagen bin ich ihretwegen wieder zurück nach Stahnsdorf gegangen, auch in der Hoffnung, noch etwas vom Familienbesitz zu retten. Allerdings wurde unsere Familie durch den Staat enteignet. Deshalb musste ich mein Zimmer räumen, durfte nur unseren Küchenschrank und ein paar Kleinmöbel mitnehmen.

Heinz hat nach seiner Rückkehr in einem Zimmer unten gewohnt. Der Laden ist sofort wieder vermietet worden, an die HO. Die Ladeneinrichtung stellten sie an die Straße – zur allgemeinen Verfügung. Ich war in Stahnsdorf verheiratet und mit meiner eigenen Familiengründung beschäftigt. So kam ich jeden Tag zur Arbeit in den Laden. Und an einem Tag fand ich das Haus verschlossen und in der Küche die Frühstücksbrote für meine beiden Brüder vor, und ich sah die abgezogenen Betten im Schlafzimmer, alles angefangene Arbeiten ... Nun musste auch ich mein Zimmer im Elternhaus räumen, durfte aber meine Möbel mitnehmen in das möblierte Zimmer zu meinem Mann. Später wurden in „unserem" Haus oben drei Wohnungen ausgebaut und wir stellten einen Wohnungsantrag. Der wurde aber abgelehnt mit der Begründung, dass meine Eltern republikflüchtig waren.

Bis zum Mauerbau sind bin ich fast täglich zu meinen Eltern ins Aufnahmelager nach West-Berlin gefahren. Auf dem Weg dorthin kaufte ich manchmal in Düppel Zigarettenpackungen mit vier Stück drin. Kaum aus der S-Bahn ausgestiegen, zündete ich erst mal eine Zigarette an. Nach dem 13. August 1961 trafen wir uns in Ost-Berlin, dorthin durften die Eltern besuchsweise einreisen. Bis nach Stahnsdorf leider nicht. Nach der Wende 1989 und einem langen Prozess wurde uns unser Haus wieder als Eigentum zugesprochen.

Gisela Jarosch, geb. Pardemann, Jahrgang 1936

Willi Pardemann 1907 - 1947,
Erna „Emmi" Pardemann 1908 – 1983 Kohlenhandlung
in zweiter Ehe verheiratet mit

August Harder, 1900 - 1977, Dachdecker, Krughofstraße 7

Otto Behrends 1888 – 1954, Fuhrunternehmen
und Gastwirtschaft „Zur Linde", Lindenstraße 17
Anna Behrends 1886 - 1977

Mein Opa Otto Behrends bewirtschaftete 25 Jahre bis zu seinem Tod 1954 die Gastwirtschaft „Zur Linde" damals noch Gütergotzer Damm.

Er wohnte in der Krughofstraße 7. Im gleichen Haus wohnte seine Tochter Erna, verheiratet mit Willi Pardemann, also meine Eltern. Willi Pardemann war als Schlosser in einer Firma angestellt, wo er Geldkassetten fertigte. Dann zwischen 1928 und 1930 wurde er arbeitslos, weshalb er eine Kohlenhandlung aufbaute.

Erna und Willi Pardemann

Mit dem Fahrrad ist meine Mutter herumgefahren, um Kundschaft zu gewinnen, bis hin nach Dreilinden. Mit einem Pferdefuhrwerk (Max und Moritz) begannen sie die Auslieferung. Wenn die Pferde auf dem Hof standen, war es mir ein Vergnügen, mich dicht dahinter zu stellen und zu beobachten, wie sie ihre Pferdeäppel fallen ließen.

Mein Vater ist 1938 mit unserem ersten Lkw zur Wehrmacht eingezogen worden. Nun musste meine Mutter das Unternehmen führen. Der alte umgebaute PKW diente nun mit seiner kleinen Ladefläche zur Auslieferung der Kohlen. Später, ungefähr 1940, reichte das Geld für die Neuanschaffung eines Lkw mit einer Ladefläche aus Blech. Die Waggons mit Kohle trafen am Bahnhof Stahnsdorf ein, mussten innerhalb weniger Stunden entladen und wieder gereinigt werden. Mit dem Fahrzeug wurde die Kohle auf unseren Hof in der Krughofstraße gefahren. Kunden, die größere Bestellungen aufgegeben hatten, wurden gleich vom Bahnhof aus beliefert. Lieferort war der jeweilige Keller. Die Kohlen wurden entweder auf eine selbst gebaute Rutsche durch die Kellerfenster geschüttet oder sie musste in Säcken in die Keller getragen werden. Unsere Kohlenberge auf dem Hof reichten bis unter das Badezimmerfenster. An der rechten Seite des Hofes waren Boxen, in denen der Koks gelagert wurde, je nach Brechgröße.

Ein, manchmal auch zwei französische Kriegsgefangene waren unserem Kohlehandel als Arbeitskräfte zugeteilt. „Unser Maurice" hielt den Lkw gut in Ordnung, hatte bei uns Familienanschluss. Ihre Unterkunft hatten sie gegenüber dem Machnower See. Im dortigen alten Schafstall haben die Gefangenen während ihrer Freizeit auf einer provisorischen Bühne Theater gespielt, Weihnachtsfeste gestaltet, einen kleinen Garten bewirtschaftet. Aus ihren Paketen bekam ich die Schokolade. Maurice kam sonntags zum Mittagessen und für das Abendbrot nahm er ein kleines Päckchen Brot und Belag mit. Einmal sollte Maurice die Kleidung meines Vaters anziehen. Und so fuhr er mit meiner Mutter zu einer Vorstellung in den Wintergarten nach Berlin. Mit dem Lkw.

1942 während eines Verwandtenbesuchs im Elsass nahmen meine Mutter und mein Opa Kontakt zu der Familie von Maurice auf, um über seinen derzeitigen Aufenthaltsort zu berichten.

Anfang der vierziger Jahre sah ich Flüchtlingstrecks, die zum Schulhof verwiesen wurden und in der Schule eine Bleibe fanden.

Vor 1945 gab es einen Bauernmarkt in der Krughofstraße (Ecke Lindenstraße), da hab ich mir oft ein Würstchen geholt und wenn meine Mutter dort vorbeikam, wurde sie ermahnt, dieses zu bezahlen. Nach Kriegsende standen vielleicht noch drei Markttische dort. Frau Liefeldt war eine vorbildliche Bäuerin, hatte ihr Soll erfüllt und durfte auf dem kleinen Markt Fleisch verkaufen. Freibankfleisch aus Notschlachtungen konnte man in der Hauptstraße (neben dem alten Feuerwehrgebäude) kaufen.

1945, kurz bevor die Russen kamen, flüchtete Maurice über Güterfelde. Zuvor trocknete er Brot und Apfelschalen, baute sich aus der Deichsel eines Handwagens und zwei Rädern ein Gefährt für Gepäck.

Im Wäldchen an der Beethovenstraße fand sich im Mai 1945 dann auch unser von den Russen mitgenommene Lkw wieder, den holte Großvater mutig zurück.

Als Lkw-Fahrer und Kohlenträger wurde dann 1946 Hugo Meden beschäftigt. In schulfreier Zeit mit auf Tour zu gehen, war für mich immer ein Erlebnis. Wir sind wochentags zu den Rieselfeldern gefahren, um Arbeiter auf die dortigen Staatsgüter zu befördern. Acker und Wiese hatten meine Großeltern dort auch. So fuhren wir auch abends dort hinaus, um Heu zu machen. Von fremden Feldern geklautes Gemüse versteckte ich in meinem Trainingsanzug. Zur Apfelerntezeit hab ich mit einer Harke auf der Ladefläche des Lkw gestanden und die Äpfel von den Straßenbäumen heruntergeholt. Häufig fuhren wir auch zum Stahnsdorfer Klärwerk, wo wir die Gasflaschen befüllen ließen. Das waren zwei Stück, die sich unter der Ladefläche des Lkw befanden. Man konnte auch auf Benzin als Treibstoff umschalten. Auf der Strecke zum Klärwerk ließ er mich 1947 das erste Mal ans Steuer, den Ruhlsdorfer Weg hoch.

Oft waren freitags Waggons auszuladen, und sonnabends sollte dann auch noch für das Asbestwerk Teltow eine Tour Richtung Erkner gefahren werden. Dann schickte mich meine Mutter mit, um den Fahrer wachzuhalten. Auf der Rücktour bin ich dann auf der Autobahn gefahren, so dass er ein wenig dösen konnte. – Von der Teltower Mühle auf dem Speichergelände fuhren wir Mehl zum Beispiel zu Bäcker Zinke nach Kleinmachnow. Da gab es dann zusätzlich mal Brot oder ein paar Brötchen.

Die Stahnsdorfer haben Kienäpfel und Bruchholz gesammelt. Eine Zeitlang ließ die Gemeinde jeden zweiten Straßenbaum zu Brennmaterial fällen. 1945 gab es Kohlen auf Bezugsschein. Diese Marken haben meine Mutter und ich sonntags auf große Zeitungspapierbogen geklebt. Ich habe auch beim Auswiegen der Kohle geholfen. Jeweils ein Zentner wurde verkauft. Kohlen in die Kästen packen und Holz hacken gehörte als Kind mit zu meinen Aufgaben, auch Kohlen unter das Schuppendach zu stapeln. Eierkohle gab es und Torf, der rechts hinter der Friedensbrücke in Kleinmachnow gestochen worden war. Ende der vierziger Jahre stellten wir Heti Meden, die Frau unseres Kraftfahrers, als Putzfrau ein. Sie brachte zur Arbeit auch ihre Tochter mit. So ergaben sich familiäre Kontakte.

Mit anderen Mädchen spielten wir im Bahnschacht, nahe Ruhlsdorfer Weg, haben den Jungen aus der Parallelklasse den Fußball abspenstig gemacht. Im Winter sind wir Schlitten gefahren auf dem Sandeberg.

Bis etwa 1951 verkauften wir Kohlen, dann lief nur noch das Fuhrgeschäft. 1954 heiratete meine Mutter den Dachdecker August Harder, der dann sein Gewerk in der Krughofstraße ausführte. In diesem Jahr übergab meine Großmutter ihre Kneipe an unseren Kraftfahrer Hugo Meden.

In dem Haus rechts neben der Fleischerei war damals eine Frisöse, später ein Krämerladen (Reinhold), der anschließend in die Lindenstraße 32 zog (wo sich danach die Sparkasse befand). Auf der anderen Seite des Hauses, also neben der Kneipe links, war ebenfalls ein Anbau. Dort befand sich vor 1945 der Friseur Walter Kühnel, anschließend ein Fischgeschäft (Frau Vogel).

Zu Familienfeiern wurde der Tisch im Wohnzimmer ausgezogen und dann begann ein geschäftiges Treiben zur Vorbereitung. Zu Weihnachten war Bescherung mit meiner Tante als Weihnachtsmann. Während des Krieges sind wir nach Zehlendorf und Steglitz einkaufen gefahren – bei *Salamander* die Elefantenschuhe. Für die Anprobe musste ich meine Füße in eine Vorrichtung stellen, um die genaue Größe zu ermitteln. Nach dem Einkauf gingen Mutter und Oma mit mir gern in ein Café. Alle Textilien kauften wir nach dem Krieg bei Juch in der Lindenstraße 10. Wir sind immer wieder zu Juch Textilien einkaufen gegangen, obwohl wir uns oft im Kundengespräch überrumpelt fühlten.

Während des Krieges haben wir Eier in Steintöpfen konserviert. Daran haben sich die Russen während ihres Einmarsches gütlich getan, denn Ende April 1945 mussten wir alle „im Dorf" wegen eines bevorstehenden Luftangriffs unsere Wohnungen innerhalb zwei Stunden verlassen. Wir brauchten nur bis in die Sputendorfer Straße zu meiner Tante Wollschläger. Schliefen dort auf dem Heuboden. Da war ein Riesenloch in der Wand, da hindurch konnten wir dann immer die Flackstellung der Deutschen in Richtung Bahndamm – dort stehen heute die Häuser des Grashüpferviertels – sehen und hören. Zu der Zeit wollten einige Deutsche Stahnsdorf noch verteidigen. Meine Tante ist dann bis nach Philippsthal gelaufen. Für uns hat mein Opa Otto dann bei Kunden im Meisenweg eine Unterkunft besorgt. Auf dem Weg dahin sahen wir viele Leichen an den Straßenrändern.

Als dann Ende März 1945 eine „Kettenbombe" auf das durch Bomben schon geschädigte Vergnügungsrestaurant Grothe fiel, sind bei uns im Haus die Fenster- und Türrahmen herausgedrückt worden. Fritz Fahlberg hat das nachher alles repariert. Später war ich auf dem Schlossgelände hinter Grote, wo sich die Pferdeställe der Wehrmacht befanden und sah die toten Pferde mit verdrehten Köpfen liegen.

Opa sorgte für unsere Ernährung. Wir hatten die beiden Rieselfelder, dort haben wir Kartoffeln angebaut, und außerdem noch einen Garten, in dem wir Ziege, Kaninchen und Hühner fütterten. Und etwas Gemüse ernteten. Wir haben von Ziegenmilch selbst gebuttert. Ich musste jeden Tag die Schleuder bedienen. Und von der Buttermilch hat meine Mutter mit Speck und Zwiebeln und

Kartoffeln ein Mittagessen zubereitet. Hm, das hat geschmeckt! Im Gegensatz zu der braunen Ziege, die in der Familie unseres Kraftfahrers Hugo Meden gehalten wurde, hat unsere Ziegenmilch zum Glück nicht streng geschmeckt. Wenn ich dort Milch trinken sollte, hab ich immer einen Aufstand gemacht. Das ging so lange, bis meine Mutter ein Zicklein an Medens abgab. Opa Otto hat beobachtet, wie sein Kraftfahrer für Frau und Kind Garne und Wolle aus irgendwelchen stillen Reserven bei seiner Überlandfahrt gegen Lebensmittel eintauschen wollte und wie das nicht gelang. Da hat er kurzerhand festgelegt, dass der schwer arbeitende Kraftfahrer mit in unserer Familie Mittagessen bekam.

Familienfeier – hinten: Hedwig Meden, Hugo Meden, Erna Pardemann, Gisela Pardemann, Helga Hasenberg
– vorn: Gertrud Meden, Anna Behrens, Lucia Hasenberg, Werner Hasenberg

Wir hatten einen Schlachter, der uns auch die Wurst, zum Beispiel Schlackwurst, hergestellt hat. Sogar zu meiner Konfirmation gab es Ziegenfleisch. Die Gäste haben es nicht herausgeschmeckt. Kaninchen hat meine Mutter im Hof in Tonnen geräuchert. Das war dann ein Vorrat für viele Mittagsmahlzeiten. Wenn Opa Gänse geschlachtet hatte, saßen die Frauen der Familie eingemummelt in der Waschküche und rupften die Federn. Auch gespickte Gänsebrust wurde geräuchert.

Opa hat Pferde ausgeliehen von Bauer Georg Kuhlmey, und dann haben wir unsere Roggenernte vom Rieselfeld eingefahren und beim Bauern gedroschen.

Im Kessel unserer Waschküche haben wir geschnetzelte Rüben zu Sirup verkocht. Das Ganze hat eine Woche gedauert. Die Rüben wurden gesäubert, geschnitzelt und im Waschkessel gekocht. Mit der Presse, die mitten in der Waschküche stand, wurde der Saft herausgedrückt und dann einen ganzen Tag lang der Waschkessel voller Saft beheizt. Man musste beim Einkochen hin und wieder umrühren, denn der dicker werdende Saft durfte nicht anbrennen. Der fertige Sirup wurde in Emaille-Eimer – vielleicht zweieinhalb Eimer voll – gefüllt und mit Pergamentpapier zugebunden auf dem Dachboden gelagert. Mit einer Schüssel wurde je nach Bedarf etwas abgefüllt. Manchmal war der Sirup so hart, dass man ihn erst unter Zugabe von etwas Wasser erwärmen musste, damit er auf das Brot gestrichen werden konnte.

In der Kellerküche fand Geschäfts- und Privatleben statt. Die Kundschaft kam wegen der Kohlebestellung über die Hoftreppe hinunter in die Küche. Manchmal waren wir gerade beim Abendbrotessen, da musste die Wurst dann schnell im Spind verschwinden. Zwei Wurstsorten, das war ja fast Schlemmerei.

Grüne Kaffeebohnen wurden in einer Pfanne auf der Kochmaschine braun geröstet. Das wurde wegen des Aromas immer nur dann gemacht, wenn keine Kunden zu erwarten waren. Alles, um keinen Neid hervorzurufen.

Manchmal kauften wir in Zehlendorf Käse, der in Silber- oder Goldpapier eingewickelt war. Dieses Papier wurde sorgfältig glatt gestrichen und zu einer Kugel geformt, die dann – immer wieder mit dieser Folie belegt – größer wurde und in Berlin vom Altstoffhändler aufgekauft wurde.

Vom Religionsunterricht bin ich mal mit ein paar Mädels abgehauen. Wir sind ins Vereinszimmer der „Linde" gegangen und haben dort lieber unser Theaterstück für die Weihnachtsfeier geprobt. Zu unserer Überraschung tauchten die Religions- und die Klassenlehrerin dort auf und daraufhin gab es ein Donnerwetter von meiner Oma.

Ich habe im Vereinszimmer Klavierspielen gelernt. Ich hab mich oft unter das Klavier gesetzt, in der Hoffnung von der Klavierlehrerin nicht entdeckt zu werden. Opa kaufte später in Steglitz ein Akkordeon für mich. Das war im Winter und es fuhr keine Straßenbahn, so dass er mit dem schweren Gepäck laufen musste. Auf dem Fahrrad fuhr ich zum Klavierunterricht bei einer Lehrerin in den Meisenweg. 5 Jahre. Zu Weihnachten gaben alle Schüler ein kleines Konzert, beispielsweise in der *Gaststätte Türck* in der Bahnhofstraße.

Etwa 1947 bekam ich ein Fahrrad, ein rotes, das mein Opa mir in Zehlendorf gekauft hatte. Mit anderen Mädchen radelten wir oft durch Stahnsdorfs Siedlungen und nach Kleinmachnow. Als größeres Mädchen saß ich dann auf dem Fahrrad vor der Gaststätte Waldschänke und sah zu, wie sich die Tanzpaare drehten.

Einen Teil meiner freien Zeit verbrachte ich in Opa Ottos Kneipe „Zur Linde". Während der Woche waren nur Arbeiter zu Gast. Sie unterbrachen dort ihren Heimweg von der Arbeit. Oma fragte bei ihrem Eintritt: Na wieder das Übliche? Und dann gab es die gewohnte Molle und den Kurzen. Meist nach der zweiten Lage verabschiedeten sie sich wieder. Am Wochenende kamen auch Ehepaare.

Vom Vereinszimmer zu dem Anbau, in dem sich Friseur Walter Kühnel befand, gab es eine „blinde" Tür, in der Gläser aufbewahrt wurden. Die Wand war so dünn, dass Klopfzeichen reichten, um eine Getränkebestellung aufzugeben. Die Bedienung erfolgte dann auf dem Weg über den Hof.

Zu dieser Zeit war Lacase der Inhaber der Fleischerei im gleichen Hause. Die Rinder wurden in der Schulstraße am Hoftor abgeladen, dann wurden sie hereingetrieben und im Schlachthaus geschlachtet.

Nachdem mein Opa verstorben war und meine Oma Anna die Kneipe allein bewirtschaftete, habe ich ihr jeden Tag Abendbrot gebracht und während sie aß, bediente ich die Gäste. Wenn Feiern im Vereinszimmer stattfanden, haben unser Kraftfahrer Hugo Meden, der ja von Beruf Bäcker und Konditor war, und seine Frau Heti auch dort mitgeholfen. Kartoffeln schälen, Eisbein kochen, servieren und zum Schluss aufräumen, abwaschen und saubermachen. Und dann haben wir uns alle hingesetzt und „den Fall" begossen.

An Hugo Meden hat meine Oma, auch auf Wunsch ihres verstorbenen Mannes, noch 1954 das Gasthaus übergeben.

In meiner Jugend ging ich jeden Sonnabend zu Materne tanzen. Meine Mutter hatte mich aber unter Kontrolle. Sie beobachtete das Geschehen im Saal von draußen durch die hohen Fenster. Ein Schulfreund war ebenfalls immer im Tanzsaal. Er kam uns sonntags besuchen und erzählte dann vom Vortag. Meine Mutter nickte wissend dazu.

Mein Stiefvater August Harder hatte zwei Dachdecker beschäftigt. Für die Versorgung unserer Familie hielt er in der großen Garage im Hof fünfzig Kaninchen.

Dieter Schmidt, Jahrgang 1936

Erwin Schmidt, 1910 - 1990
Schmiede, Lindenstraße 18

Mein Vater war Soldat und unsere Familie war während des Krieges evakuiert und lebte in der Nähe von Küstrin in Güstebiese (heute Polen). Den Krieg habe ich mit vielen Entbehrungen erlebt. Wir waren auf der Flucht mit der Habe von acht Menschen auf einem Handkarren. Sind fast 1000 km bis Berlin gelaufen. Ich war als Kind schon pfiffig, was Handwerk betraf. Hab im Wald mit Axt und Säge aus Ästen Unterstände gebaut, die uns bei minus 20 Grad vor der Kälte schützten. Während des Trecks war es möglich, aus den am Wege liegenden Häusern Dinge mitzunehmen. Da fand ich eine Dampfmaschine, suchte mir eine Kiste, baute Deichsel und Räder an und wollte mit meinem wertvollen Fund weiterziehen. Doch meine Tante wollte den Wagen für sich nutzen. Die Dampfmaschine musste ich zurücklassen.

1946 kehrten wir nach Berlin zurück und lebten bis 1948 in einer zugewiesenen Wohnung, Hermannstraße 111. Wir hofften, meinen Vater dort zu finden, doch es stellte sich heraus, dass er durch seine Verwundung in Bayern gelandet war und dort nach dem Krieg ein Fuhrunternehmen gegründet hatte. Er kehrte dann 1948 nach Berlin zurück und arbeitete in der Schmiede in Stahnsdorf, Lindenstraße Nr. 16, in der er 1922 seinen Beruf erlernt hatte. 1949 übernahm er die Schmiede von der alten Meisterin Elfriede Bergemann, die sich fortan um ihre Enkelsöhne Klaus und Uli kümmern musste, weil deren Mutter Anni Bergemann (verheiratet mit Willi Bergemann) am 2. Mai 1945 von russischen Soldaten im Wäldchen neben dem Friedhof erschossen worden war.

Familie Schmidt und ihr Herd

Mit meinen beiden Geschwistern Erwin (1938 - 2011) und Margarete (genannt Puppa, Jahrgang 1942) wurden wir von den Kindern immer die Berliner Wanzen genannt. Schließlich waren wir ja erst nach Stahnsdorf (Ruhlsdorfer Straße 21) zugezogen. Nach dem Unterricht führte uns der Weg immer zuerst in die Schmiede. Auf dem Weg fingen paar Kinder an zu stänkern. Einer ging dann an meine Schwester – das von uns verwöhnte Nesthäkchen – heran. Daraufhin haben wir erst einmal gezeigt, was Berliner so können. Die Truppe ist dann weitergezogen und beim nächsten Mal warfen sie im Vorübergehen Gegenstände über das Tor. Dabei trafen sie eine Fensterscheibe in der Wohnung der alten Meisterin. Sie kam heraus und mein Vater ebenfalls. Beide haben lauthals auf uns geschimpft. Doch wir konnten erklären, dass wir in diesem Winkel gar nicht geworfen haben können. Etwas später fand ich beim Spielen einen eingetrockneten Pinsel und schleuderte ihn durch die Luft. Der hörte gar nicht auf zu fliegen und landete in der Scheibe des Wintergartens der Frau Bergemann. Sie hatte Glasscherben abbekommen und einen Schreck, kam schreiend aus dem Haus. Ich war so erschrocken, und aus Angst, sie verletzt zu haben, rannte ich zu meinem Vater. Der aber hat mir so eine runter gehauen, dass ich durch die Luft stolpernd auf einem Schrotthaufen landete und eine Woche lang nicht die Schule besuchen konnte. Das war das einzige Mal in meinem Leben, dass mein Vater mich geschlagen hat. Er hat sich später bei mir entschuldigt.

Mein Vater schickte uns in den Ferien auf den Bauernhof, um etwas Geld zu verdienen. Mein Bruder und ich arbeiteten dann drei Wochen von morgens bis abends bei der Getreideernte mit, haben auf dem Feld die Garben gebunden und zu Mandeln aufgestellt und für diesen Einsatz ungefähr 30 Mark verdient. Abends sind wir oberhalb der Schleuse auf der Machnower Seeseite im Teltowkanal baden gegangen. Wir waren stolze Besitzer eines Schlauches aus einem Autoreifen. Den wollte uns einmal ein Faltbootfahrer streitig machen, doch dank unserer guten Schwimmleistung schafften wir es, trotz der ausgeteilten Schläge mit dem Paddel, unseren Schwimmreifen wieder in unseren Besitz zu bringen.

Im Winter haben wir uns einen Segelschlitten gebaut. Eine dreieckige Zeltbahn aus Wehrmachtsbeständen, ein dicker Mast und ein hölzernes Kreuz mit Schlittschuhen rechts und links und hinten. So ging es ab über den Machnower See. Der war ja nicht immer ganz zugefroren, da haben wir so manches Mal Ängste ausgestanden.

Zu Hause hatten wir Hühner, Gänse, Schweine, ein Schaf, eine Ziege. Einen richtigen kleinen Bauernhof. Schwierig war es, die Schweine gut zu füttern. Abfälle vom Schlachthof gegenüber der Schmiede und aus unserer Stammkneipe „Zur Linde" die allabendliche Kanne mit schalem Bier waren willkommene Zusatznahrung für unser Borstenvieh. Abends gingen wir immer Brennnesseln sammeln. Zum Schlachten wurde der Schlächter bestellt. Da hab ich als Jugendlicher einen Einblick in dessen Arbeit bekommen. Die Viehhaltung wurde unserer Familie dann auf die Lebensmittelkarten angerechnet, weshalb wir weniger Marken bekamen. Aber das Fleisch konnte ja nicht so gut konserviert werden. Zwar wurde Wurst eingekocht und wir haben auch Fleisch gepökelt, doch manchmal ist es schlecht geworden. Einen Kartoffelacker hatten wir auch zu bewirtschaften. So waren wir also größtenteils unabhängig in der Versorgung unserer Familie.

Mein Bruder und ich bekamen aus Ersparnisgründen im gleichen Jahr die Einsegnung – ich also ein Jahr später und er ein Jahr früher – in der evangelischen Kirche auf dem Dorfplatz. So gab es eine schöne, große Familienfeier.

Ich hatte eine Großmutter, die Schneiderin in Stahnsdorf war. Wir haben wenig Kleidung kaufen müssen, weil viel geändert werden konnte. Da wurde ein alter Mantel gewendet und eine Jacke daraus genäht. Aus einem gestreiften Hemd nähte Großmutter nach einem von mir vorgelegten Schnittmuster moderne Dreiecksbadehosen für uns. Zu meiner Verlobung hatte ich Geld gespart und ließ mir meinen ersten Anzug nähen. Konfektion gab es ja kaum zu kaufen.

Ein Problem war es, Schuhe zu bekommen nach dem Krieg. Während des Krieges trug ich Holzpantinen, die ich selbst benagelte und beschusterte. Und mit 12 Jahren hatte ich Schuhgröße 45. Dann gab es Bezugsscheine in der Schule. Doch Kindergrößen passten mir ja nun nicht. Meine Mutter tauschte mit einem Bekannten, Herrn Prüfer, der eine kleine Schuhgröße benötigte, die Bezugsscheine.

Schon als Kind besaß ich ein Fahrrad mit Vollgummireifen. Das tat mir gute Dienste, denn als größerer Junge besaß ich ein Aquarium. Der Zierfischhändler in Kleinmachnow brauchte Wasserflöhe. Also fuhr ich vor Schulbeginn nach Ruhlsdorf zum Teich und fischte Wasserflöhe. Mit der Kiste auf dem Gepäckträger fuhr ich zu dem Geschäft nach Kleinmachnow und verkaufte sie. Zehn oder zwölf Mark sollte ich bekommen, hab mir stattdessen lieber Fische geben lassen. Natürlich bekam ich ein paar Fische mehr als mein Verdienst wäre. Mein erstes Aquarium baute ich bei meinem Vater. Winkeleisen gab es ja. Aber die Glasscheiben waren dünn und Kitt war teuer, daran hab ich gespart. Bei meinen Eltern im Zimmer stand das 80 cm hohe Aquarium und hielt in der Nacht der Belastungsprobe nicht stand. Später hab ich dann ein neues gebaut. Einen Schrank dafür hab ich bei Tischlermeister Fritz Beyer, Lindenstraße 35, gebaut. Dort durfte ich wie ein Lehrling arbeiten. Bretter furnieren, Leisten schneiden und verleimen usw. Ich hab dort alles bekommen, was ich brauchte. Die Söhne Klaus, Heinz, Knut und Helmut Beyer spielten mit mir in einer Handballmannschaft. Die Werkstatt wurde so meine zweite Heimat. Leider ist das Aquarium bei Frosttemperaturen in unserem sogenannten Kinderzimmer eingefroren.

Eigentlich werkelte ich schon während der Schulzeit dort, da hab ich ein Schachbrett gebaut. Als ich älter war, traf ich Fritze in der Kneipe, wo er mir mit „Sarglack" *(Boonekamp)* zuprostete. Seine Frau Herta sang mit meiner Mutter im *Gemischten Chor*. Ja, ich kannte die ganze Familie.

Mit meinen besten Freunden Erwin Blaschej und Willi Haberecht aus der Mühlenstraße habe ich heute, trotz der Entfernung, noch Kontakt. Als Zwölfjährige legten wir uns zueinander eine „Telefonverbindung". Wir spannten dünnen Kupferdraht von Haus zu Haus – die ganze Mühlenstraße entlang. Von einer Wohnung zur nächsten, zum Nachbarn, zu anderen Schulkameraden, und hatten so die ganze Mühlenstraße verdrahtet. Die entfernteste Verbindung war die zu Willi, mit ungefähr 300 Metern. Mit Kopfhörern konnten wir zu verabredeten Uhrzeiten miteinander sprechen, wie bei einer Gegensprechanlage. Wir waren so stolz. Danach kamen wir auf die Idee, die Leitung von einem zum nächsten Telegrafenmast zu legen. Dann haben wir zu unserer Überraschung Gespräche mitgehört von vorhandenen Telefonanschlüssen. Jedenfalls hat sich irgendjemand beschwert, sich im Draht verfangen zu haben oder so und wollte die Polizei benachrichtigen. Na, da haben wir schnell in einer Nacht-und-Nebel-Aktion unsere Technik abgebaut.

Ein Radio besaßen wir nicht, zunächst nur ein mit einem Detektor selbstgebautes, womit wir Musik hören konnten. Als Vierzehnjährige bauten wir uns selbst ein Radio, ohne Bauanleitung, einfach Versuch und Irrtum. Die Materialien sammelten wir aus dem Schutt der Ruine des Zeugamtes in der Teltower Ruhlsdorfer Straße. Es hat durch einen technischen Fehler leider nur einmal funktioniert. Schuld war der 3 mm Silberstahlkolbenbolzen.

Mein Vater hatte ein Dreirad-Auto „Tempo". Das war damals 1953 wohl das einzige Auto in Stahnsdorf. Damit holte mein Vater Material und Gasflaschen. Das Auto wurde auch zu Fahrten für andere Handwerker genutzt, als Dienstleistung also. Für Bäcker Wilke, Bäcker Fahlberg und einen Bäcker in Kleinmachnow. Bäcker Reck, Lindenstraße 27, benötigte unser „Fuhrunternehmen" nicht. Er machte den Großteil seines Umsatzes mit Brot, das war Steinofenbrot. Die Kunden kamen deswegen aus der ganzen Umgebung. Ich hab bei meinem Vater ab 1953 als zweiten Beruf Schmied gelernt. Mit 18 hatte ich schon meinen Führerschein und habe mit dem Auto Backwaren ausgefahren. Mein Vater beauftragte mich, morgens um halb sechs vor meinem Arbeitsbeginn Brötchen und Brot dieser drei Bäcker an Lebensmit-

telläden in Kienwerder, Stahnsdorf, Teltow und Kleinmachnow zu liefern. Im Winter war es schwierig, das Brot noch warm auszuliefern. Eigentlich war dies die moderne Transportvariante im Vergleich zu dem Leben meines Vaters, der in seinen jungen Jahren mit dem Pferdefuhrwerk der Schmiedemeisterin Milch vom Bauern Busse nach Zehlendorf beförderte.

Zu der Zeit als wir in der Schmiede tätig waren, weckte Vater uns morgens mit einem Schlag auf das Kastenschloss unserer Tür. Dann also raus aus den buntkarierten Betten – im Winter war es so kalt in unserem Zimmer, dass der Atem auf der Bettdecke gefror – und rein in die Arbeitsklamotten. Mutter hatte schon alles vorbereitet für ein gemeinsames Frühstück. Um sieben Uhr morgens kamen wir in den dreckigen Arbeitsklamotten zum Arbeitsbeginn, drei Gesellen, mein Bruder, der dann auch Schmied gelernt hat, mein Vater und ich. Mittags ging unsere Familie nach Hause zum Essen. Nach dem Essen hatten wir eine Stunde Zeit zum Ausruhen. Vater trank seinen Topf Kaffee. Wir saßen alle auf der Eckbank in der Küche und Vater konnte es nicht leiden, wenn wir uns mit den Ellenbogen auf den Tisch stützten. Um uns zu strafen, nahm er kurz unsere Ellenbogen hoch und stauchte sie kurz auf den Tisch. Bei seiner Kraft war das sehr schmerzhaft. Und einmal beobachteten wir ihn, wie er sich aufstützte. Wir sahen uns an und jeder nahm einen seiner Ellenbogen und stauchte ihn auf den Tisch. Sofort danach flüchteten wir auf den Hof. Und er in seinem Schreck – wahrscheinlich auch Schmerz – warf uns den gefüllten Kaffeetopf hinterher. Der Kaffee rann in der Küche die Wand herab. Nie wieder hat er uns auf diese Weise „erzogen".

Unsere Schmiede war ein Treffpunkt für viele aus dem Ort. Abends um sieben hatten wir eigentlich Feierabend, doch die Leute, die sich auf dem Hof versammelten, tauschten lange die Neuigkeiten aus dem Dorfgeschehen aus. Da wurde abends auch mit Streichhölzern geknobelt. Wer verlor, zahlte die nächste Lage Bier. Gegenüber war ja die Gaststätte Zur Linde, dort hatte ich immer ein Tablett mit Biergläsern zu holen. Durst hatten wir ja bei unserer Arbeit immer. Die meisten standen ja und merkten, wann sie genug intus hatten, nur die Rollstuhlfahrer nicht. Die saßen ja gut. Damit auch die letzten endlich nach Hause gingen, warfen wir frische Kohle auf die Esse, damit es richtig blakte. Andermal haben wir auch Eisen weißglühend erhitzt, Wasser auf den Amboss und dann flog nach allen Seiten die Schlacke weg. Wir mussten ja irgendwann nach Hause, um zu schlafen. Auf dem Küchenherd dampfte immer ein Topf mit heißem Wasser, wir wuschen uns in der Küche. Das Abwasser musste draußen auf dem Hof ausgeschüttet werden. Unsere Toilette war über den Hof, ein Plumpsklo direkt über dem Misthaufen. Wasseranschluss bekamen wir in den fünfziger Jahren. Es war sehr eisenhaltig. Übrigens, wenn wir mal richtig dreckig waren, gingen wir zur Bäckerei Fahlberg. Dort war hinter der Backstube auf dem Hof eine Dusche eingebaut, die wir nutzen durften.

Einmal in der Woche war in der Schmiede Hufbeschlag. Dazu kamen die Bauern aus der weiteren Umgebung. Fünf bis sechs Pferde schafften wir an dem Tag. Die Reihenfolge wurde vorher festgelegt. Das Hoftor stand offen und so wurde die Schmiede zum Schauplatz. Die Kinder blieben auf dem Schulweg neugierig stehen und auch Eltern mit kleinen Kindern. Das waren tolle Erlebnisse mit den Pferden. Manche wussten schon, dass sie beschlagen werden sollten und hoben schon von selbst einen Fuß. Jedes Pferd hatte seine Eigenheiten. Ein Jungpferd war auch dabei, bei dem noch nie zuvor Hufe beschlagen worden waren, weil es das nicht zuließ. Da hat der Besitzer eine sehr hohe Summe ausgesetzt, für den Fall, dass mein Vater eine Methode finden würde. Da hat mein Vater eine Art Verschlag gebaut, darin wurde das Pferd mit einem Gurt unter dem Bauch und um den Hals in die Luft gehoben. Man konnte schon Mitleid bekommen, denn das Pferd schwitzte ängstlich und war nach der Prozedur ziemlich kraftlos. Das war aber auch eines der Pferde, das man überall tätscheln konnte.

Unserer Schmiede gegenüber war ja Hugo Medens Kneipe, daneben eine Konsumfleischerei mit Verkaufsstelle. Dahinter auf dem Hof war die Wurstproduktion. Das war für uns interessant, weil dort ständig Reparaturarbeiten an den Maschinen anfielen oder Gestelle gebaut werden mussten für die zu räuchernden Würste. Unsere schweren Lederschürzen wären für die Arbeit dort nicht nötig gewesen, aber unter dieser Arbeitsschutzkleidung blieben die Würste, die uns als „Sonderprämie" zugesteckt wurden, gut getarnt vor den Blicken des Pförtners. So hatten wir in der Schmiede immer frische Bockwürste und Kochwurst zu essen. Dort haben wir auch mal Wurstsuppe bekommen.

In der Schmiede stellten wir auch Autofedern her. Neue Autos gab es ja nicht, also mussten die alten Modelle fahrfertig gemacht werden. Englische und amerikanische Autos. Schlüssel wurden gefeilt, verschiedene Reparaturarbeiten ausgeführt. Die Bauern haben auch mal neue Wagen mit vier Gummirädern bestellt. Um den Dorfplatz fanden sich ja viele Gehöfte.

1953 bis 1959 habe ich Handball gespielt. Und weil bei meinem Vater auch Sonnabend und Sonntag gearbeitet wurde, musste ich ihn fragen, ob ich sonntags mal frei bekam, um Handball zu spielen. Meine Mutter hat im Gemischten Chor Stahnsdorf mitgesungen. Da war wöchentlich Probe in der Gaststätte Zur Linde. Während ich in Hartzerkleinerung Teltow in der Berufsausbildung den Beruf Maschinenschlosser lernte, wurde dort eine Musikgruppe gegründet. Man konnte kostenlos Unterricht bekommen. Da habe ich Mandoline spielen erlernt. Außerdem lebten wir unsere Kultur auch noch in der Kneipe gegenüber aus. In unserer schmutzigen Arbeitskleidung gingen wir nach Feierabend dorthin

Skat spielen. Und bei Materne besuchte ich Tanzveranstaltungen.

Mein Vater war dann nach seiner Meisterprüfung 1953 selbständiger Unternehmer. Um die Bücher und die Abrechnung sollte sich ein Steuerberater kümmern. Leider war das ein Betrüger, der über ungefähr sechs Jahre den Staat betrogen hatte. Kurz bevor die Steuerschuld meines Vaters aufgedeckt wurde, ist dieser Steuerberater in den Westen abgehauen. Mein Vater saß mit den Schulden da. Er sah zwei Möglichkeiten, entweder er würde sie über Jahre abzahlen oder unsere Familie müsste auch das Land verlassen. Er entschied sich dann für die erste Möglichkeit. Deshalb haben mein Bruder und ich keinen Lohn ausgezahlt bekommen. Meine Studienbewerbung wurde 1954 abgelehnt, weil mein Vater privater Unternehmer war. 1959 wurde der Privatbetrieb dann in eine PGH umgewandelt. Bis zum Rentenalter hat mein Vater dort als Meister der Schmiede mitgearbeitet.

Mein Vater verstarb 1990, an meinem Geburtstag, 16.08.

Helga Probst, geb. *Hasenberg, Jahrgang 1937*

Werner Hasenberg, Jahrgang, 1939

Anton Hasenberg, 1908 – 1990
Schuhmacher, Hauptstraße 52

Nach seinen Wanderjahren bekam mein Vater im Geschäft von Meister Thoma in der Hauptstraße Nr. 52 als Schuhmacher eine Anstellung. Als er dann seinen Meisterbrief erhalten hatte, übernahm er 1935 dessen Geschäft und es wurde eine Werkstatt daraus. Eine Tante hat ihm eine Braut aus der alten Heimat Ostpreußen zugefreit, Lucie. Die Hochzeitsfeier fand 1936 auch in der Werkstatt mit ihrem angrenzenden Wohnraum statt. Der im Haus wohnende Schneider Bormann hatte leider die Jacke vom Hochzeitsanzug nicht fertig genäht, so wurde ein Ärmel nur mit „heißer Nadel" eingenäht, erzählten die Erwachsenen noch später.

Meine Schwester Helga war die Erstgeborene in der Ehe meiner Eltern. Nach meiner Geburt war die Wohnung zu klein, deshalb zogen wir in eine hundert Meter entfernte Wohnung im Herrenhaus beim alten Schloss der Hakes – hinter der Kleinmachnower Bäkemühle.

Es war zu meinem sechsten Geburtstag – Ende März 1945. Wir hatten eine kleine Feier vorbereitet. Einen Kuchen sogar. Er war auf der Frisierkommode abgestellt. Plötzlich wurde ein Bombenalarm ausgelöst. Also flüchteten wir hinunter in den Apfelkeller vom Gemüsehändler Petz. Dieser Keller schien auf dem Schlossgelände der sicherste zu sein. Als wir wieder in die Wohnung zurückkehrten, fanden wir den Spiegel der Frisierkommode durch die Druckwelle zerborsten und den Geburtstagskuchen nun ungenießbar voller Scherben.

Auf dem Schlossgelände war russisches Militär stationiert wegen der Beobachtung der *Alten Hakeburg* auf der anderen Seite des Teltowkanals.

Später mussten alle Familien das Schlossgelände räumen. Die Russen haben uns dort herausgeholt. Wir haben uns ergeben, haben weiße Tücher als Fahnen aus dem Apfelkeller gehalten.

Danach haben wir uns versteckt. Unser Vater litt an einer Herzschwäche und ich sah ihn auf einer Ledercouch in der Wohnung des Gemüsehändlers Petz in der Lindenstraße 10 liegen. Doch Vater wurde wie viele andere Männer vom russischen Militär abgeführt. „Kommt mit!" war seine Aufforderung an unsere Mutter. Wir Kinder trugen unsere gepackte Schultasche mit allen wichtigen Sachen, wie Unterwäsche und etwas Schokolade gegen den Hunger. Die Verabredung der Familie bestand darin: falls einer von uns abgeführt werden sollte, gehen wir alle mit. So gingen wir dann auch mit. Der Weg führte die Schulzenstraße hoch, aber wir sind nur bis über die Mühlenstraße gekommen. Von dort aus sahen wir mehrere Männer um eine Grube herum stehen. Sie sollten erschossen werden. Wir mussten uns von Vater trennen und zurück gehen. Aus welchem Grund auch immer, unser Vater wurde zum Glück wieder nach Hause geschickt. Vielleicht, weil er Schuhmacher war ...

Uns musste dann eine Kleinmachnower Familie in der Boschsiedlung einen Wohnraum (für drei Erwachsene und zwei Kinder) zur Verfügung stellen.

Ein paar Wochen nach Kriegsende bekamen wir dann in Stahnsdorf, Mühlenstraße 1 eine Zweizimmer-Wohnung. Bei uns wohnte dann auch unsere Tante Hedwig mit ihrem Baby Gertrud und Tante Liesbeth. Täglich transportierte mein Vater morgens auf dem Weg zur Schuhmacherwerkstatt unsere Hühner auf den

Hof des Lindenhauses gegenüber der Bäke-Mühle. Dieses Haus war unbewohnt und im Garten wuchs saftiges Hühnerfutter. Abends fing er die Hühner wieder ein, sie verbrachten die Nacht in unserem Keller.

Es gab viel Arbeit, deshalb bekam mein Vater für die Werkstatt drei Franzosen als Arbeitskräfte zugewiesen. Das waren Kriegsgefangene, die mit weiteren in den alten Schafställen gegenüber dem *Machnower See* untergebracht waren. Sie wurden dort auch verpflegt, aber Mittagessen hat unsere Mutter für sie gekocht. Manchmal brachten sie uns Kindern Schokolade mit. Auch an einen selbst gebastelten Panzer zum Spielen erinnere ich mich. Weil Schuhwerk knapp war, wurde viel repariert und aus allen vorhandenen Materialien wurden Schuhe gefertigt. Alte Stiefel aus Leder und aus Filz wurden dafür zerschnitten, auch alte Taschen. Neues Material gab es nur auf Zuteilung.

Die Industrie stellte Schuhe aus echtem Schweinsleder her. Die bekam man nur auf Bezugsschein zu kaufen. Bei Nässe wurden die Schuhe hart, das Oberleder unangenehm fest. Heute wird Leder anders zugerichtet. Ab Ende 1948 gab es Iglit-Schuhe – nichts mit atmungsaktiv. Wer die tragen musste, bekam bald Schweißfüße. Und die Winterkälte hielten die Schuhe auch nicht ab. Auf nassem Rasen konnte man gut schlittern. Diese Schuhe mit einer Schnürung waren lange haltbar, wurden warm gemacht und gedehnt, passten lange Zeit. Anfang der fünfziger Jahre wurde diese Schuhproduktion wieder eingestellt.

Etwa 1949 zogen wir in die Hauptstraße 67, spätere Wilhelm-Külz-Straße, in das Haus von Frau Bischofswerder.

Nach Kriegsende kamen auch die in Stahnsdorf stationierten Russen – also die Offiziere – als Kundschaft. Sie brachten das Material mit. Für die Männer wurden Stiefel und für deren Frauen Schuhe neu angefertigt. Mein Vater hat dafür Lackleder und

Goldleder und auch Samt verarbeitet. Das Material brachten die Russen mit. Zu der Zeit hatten wir drei Lehrlinge und drei Gesellen. Gearbeitet wurde anfangs auch im Ladenraum.

Die Russen gaben uns Arbeit noch bis in die fünfziger Jahre. Sie bezahlten nicht mit Geld, nur mit Produkten. Sie brachten aus ihrem Magazin z. B. Tortenplatten voll Liebesknochen, Schillerlocken, Butterkremtorten. In Erinnerung blieb mir auch eine große Kugelvase gefüllt mit Sauerkraut, eine Schüssel voll Milch. Und Brot. Einmal auch ein Fahrrad. Das wurde aber über Nacht gestohlen. Deshalb musste mein Vater nach Teltow zur Kommandantur, um auszusagen, wo das Fahrrad geblieben sei. Eine höher gestellte Russin brachte uns zwei Katzen. Ich erinnere mich daran, wie sie immer auf dem Ladentisch saßen. Sie bereiteten uns Freude bis sie an Staupe starben.

Es gab dann einige Aufträge für Neuanfertigungen. Filzstiefel, Hausschuhe, Taschen wurden genäht, Schürzen für Schlosser und Schmiede. Reparierte Schuhe haben wir zu besonderen Kunden auch nach Hause geliefert. Das war so während des Krieges und später auch noch. Weite Wege übernahmen deshalb meine Mutter mit dem Fahrrad und meine Tante mit dem Kinderwagen – auch nach Kleinmachnow und nach Zehlendorf zum berühmten Komponisten Furtwängler, dem mein Vater persönlich die Neuanfertigung lieferte. Das war unser Kundendienst.

Der Meister ging zum Mittagessen nach Hause. Geschäftszeiten mit Feierabend gab es für ihn nicht. Je nachdem wie groß der Arbeitsanfall war, wurde zeitlich gearbeitet. Es kam auch vor, dass die Bäckermeistersfrau Fahlberg ihn am Wochenende von zuhause geholt hat, damit er Zaumzeug flicken sollte. Sie musste nämlich mit dem Pferdefuhrwerk Schrippen ausfahren.

Bis zu meiner Einschulung 1947 in Stahnsdorf hielt ich mich während des Krieges lange Zeit bei den Großeltern in Ostpreußen auf. Meine Schwester wurde noch dort eingeschult, kam in Stahnsdorf nach Kriegsende in die zweite Klasse. Das waren meine Reisen. Zwischen Berlin und Allenstein im Schlafwagen. In der Schreinerei Steinecker auf dem Hof der Bäckerei Wilke in der Hauptstraße 54 wurde eine große Transportkiste gebaut. In dieser wurden der Puppenwagen, die Lok mit ihren Anhängern und andere wichtige Dinge verstaut. Unser Opa in Ostpreußen war Eisenbahner und hatte so die Möglichkeit, die Kiste als Stückgut hin- und hertransportieren zu lassen. Die Schwester meiner Mutter, Tante Heti (Hedwig Meden), betreute und begleitete uns Geschwister.

Ich wurde 1945 in die Stahnsdorfer Schule eingeschult. Auch der Sohn vom Lebensmittelhändler, Heinz Hamberger, war ein Schulkamerad.

Gespielt haben wir auf dem Sandeberg. Mit dem Schlitten erstreckte sich die Abfahrt im Winter vom Ruhlsdorfer Weg gegenüber der Mühlenstraße bis über die Hauptstraße hinweg. Die Strecke endete dann auf dem Karpfenteich. Ich hatte einen eigenen Schlitten aus Holz. Andere hatten eine „eiserne Ente" aus Metallrohr. Das Verkehrsaufkommen in Stahnsdorf war gering. Unfälle mit dem Straßenverkehr gab es nicht. Ich erinnere mich an die wenigen Autobesitzer: den Arzt Dr. Runkel, Schmiedemeister Schmidt, die Kohlenhändler Irmer und Pardemann. Auch mit der Straßenbahn Linie 96, die unten auf der Hauptstraße in großen Zeitabständen fuhr, gab es keine Zwischenfälle. Wir kannten den Fahrplan. – Heini Materne (Sohn des Besitzers der Gaststätte) machte sich den Spaß, auf der Straßenbahnkupplung hinten „mitzureisen". Weder Schaffner noch Straßenbahnfahrer konnten ihn dort sehen. Und auch während des Einsteigens achtete wohl niemand auf ihn.

Weil er den Sandeberg auch als Fußweg zur Arbeit nutzte, hat Herr Grützmann dort Asche gestreut. Er hatte an den

Füßen eine Behinderung und wollte den kürzesten Weg zur Arbeit beim Meister Hasenberg gehen. Aber wir Kinder begriffen nichts, hörten ihn nur wettern, haben eimerweise Wasser aus den Kellern geholt und über die Abfahrt verteilt, wodurch Spiegelglätte entstand, so musste er entlang der Straße die längere Strecke laufen. Ja, was Kindern so einfällt ...

Zum Fußballspielen nahm ich immer den Weg an der Mühle und dem Turm des alten Schlosses in Kleinmachnow vorbei. Da hatten wir hinter der Dorfkirche ein Stück Mauer und ein Paar große Bäume als Pfosten. Wir haben mit oft sehr schlappen Gummibällen gespielt. Einer der Jungen aus Kleinmachnow besaß einen richtigen Fußball, doch wenn der mit uns sauer war, nahm er seinen Ball unter den Arm und ging nach Hause. Und wir standen da. Also mussten wir ihm immer zumunde reden, damit er nicht frühzeitig verschwand.

Sonntags nachmittags gingen wir ins Kino, in die „Parklichtspiele" in Stahnsdorf für 25 Pfennig Eintritt. Vorher „organisierten" wir leere Bierflaschen mit Schnappverschluss, so reichte der Flaschenpfand (von 30 Pfennig) gerade für eine Eintrittskarte.

Angeln gingen wir im Karpfenteich gegenüber von der Gaststätte Materne. Gebühren brauchten wir nicht bezahlen, wir waren ja nur behelfsmäßig ausgerüstet. Bei Egon Horn im Laden (am Scheidemannplatz) hab ich einen Angelhaken gekauft, der sah aus wie eine Sicherheitsnadel mit lauter Wellen. Eine kurze Angelsehne haben wir von irgendjemandem bekommen. Die Fische, die wir herausholten, waren klein und lediglich für unsere Katze.

Weiße Mäuse hatte ich übrigens auch. Ein Kumpel gab mir ein Pärchen, das sich im Nu vermehrte. Aber meine Mutter meinte, die stinken. Da musste ich sie im Käfig in den Garten bringen.

Jemand ließ am Käfig die Tür auf und da liefen die Mäuse natürlich weg.

Und ein Aquarium mit Fischen besaß ich auch eine Zeit lang. Schleierschwänze und Skalare. Einmal im Winter musste ich das Aquarium wieder säubern. Dazu nahm ich die Fische heraus und tat sie in ein Weckglas mit kaltem Wasser aus der Leitung, Zuvor ließ ich im Topf Wasser kochen und hielt das Glas darüber. Leider platzte es und alle Fische fanden im heißen Wasser ihr Ende. Das war eine traurige Erfahrung. Nun hatte ich nur noch die Katze. Die hielt sich tagsüber im Freien auf, kam dann abends an einem Baum zu unserem Kinderzimmerfenster hochgeklettert und miaute solange, bis ihr jemand das Fenster öffnete.

Als größere Jungen wollten wir einmal Silvester feiern, so richtig mit Knallern. Wir bauten sie also selbst, haben Unkraut-Ex aufgelöst in Wasser, Löschpapierblätter hineingelegt. Wenn sie durchgezogen waren, wurden die Löschblätter heraus genommen und mussten getrocknet werden. Der Trockenvorgang dauerte im Winter zu lange. Deshalb haben wir den Backofen beim Bäckermeister Wilke, Hauptstraße 54, genutzt. Sein Sohn Bernd gehörte ja mit in unserer Gruppe. Das getrocknete Löschpapier wurde in Zeitungspapier dick verpackt, ein Stück Löschpapier herausragen lassen als Lunte. Mit Draht wurde alles zusammengebunden, schön fest und dann wurde das angezündet. Das gab einen mächtigen Krach. Zum Glück hat sich niemand verletzt. Bäckermeister Wilke wunderte sich am nächsten Tag darüber, dass es in seinem Backofen so geflimmert hat. Das waren die Rückstände von unserem Löschpapier.

Mein Vater hatte viel Arbeit. Zur Aufnahme der Materialbestellung kamen Vertreter von der Berufsgenossenschaft zuerst aus Rangsdorf, später aus Berlin am Anhalter Bahnhof. Das wurde immer montags erledigt, weil der Laden dann geschlossen war.

Die damals verfügbaren Materialien brauchten mitunter viel Trockenzeit. Schuhe wurden auch nachgefärbt. Schuhe, die ein Jahr lang nicht abgeholt wurden, ärgerten uns. Schließlich bekamen sie Bedürftige und der Rest wurde im Ofen verheizt.

Mitte der fünfziger Jahre war der Markt in der Nähe vom Bahnhof Wannsee für uns interessant. Wenn ich nach Babelsberg zur Berufsschule fuhr mit der S-Bahn hab ich Leder und Klebstoff auf diesem Markt gekauft und gut verstaut, damit es bei einer eventuellen Grenzkontrolle keinen Ärger gab.

Das Geschäft des Schuhmachermeisters Anton Hasenberg gab es bis 1978. Der Meister gehörte der Schuhmacherinnung als Lehrmeister an und nahm auch in der Kommission die Gesellenprüfungen ab.

Familienfeiern waren in den fünfziger Jahren immer üppig bei uns. Zu ihren Geburtstagen luden die Eltern Freunde ein, es wurde nach Schallplattenmusik getanzt und reichlich gegessen und getrunken. An Feiern zu meinen Kindergeburtstagen erinnere ich mich nicht. Bei meiner Schwester im Sommer waren immer Mädchen eingeladen. Feiertage waren sehr aufregend, weil wir reichlich beschenkt wurden. Die Eltern waren sehr gastfreundlich.

Sonntags bekam meine Mutter das Wirtschaftsgeld für die kommende Woche, aber manchmal musste sie schon vorher danach fragen, weil die Feiern ein Loch in die Haushaltskasse gerissen hatten. Das ging dann nicht ohne Vorwürfe durch den Verdiener ab.

Als Familie sind wir nicht verreist. Zur Kur waren die Eltern einmal in Bad Kudowa in den fünfziger Jahren. In Ferienlagern bekamen Kinder von Privatunternehmern keine Plätze. Lediglich von der Schule sind wir mal verreist, in den Harz.

In der Schule bastelten wir Detektorempfänger, so konnte ich abends im Bett Radiosendungen mit einem Kopfhörer empfangen. Lesen durfte ich nicht, das Licht störte meine Schwester.

Meine Mutter ging selbst Lebensmittel einkaufen, meist zweimal am Tag. Einmal vormittags, einmal nachmittags. Die Belieferung der Geschäfte im Dorf war zeitlich so unterschiedlich. Na und den Geschäftsleuten wurde dann auch mal Ware unter dem Ladentisch aufgehoben. Mehl und Zucker hat sie viel gekauft, denn sie hat jede Woche Blechkuchen gebacken.

Im Schaufenster des Textilgeschäftes Juch sah ich schöne karierte Kleider, davon wollte ich eines haben, aber ich bekam immer nur kratzige Strickkleider. Weil die karierten Kleider von allen Kindern getragen wurden ... Mein Bruder trug Matrosenanzüge, ich bekam einen Faltenrock. Solche Mode gab es aber nicht bei Juch.

Wir hatten eine Schneiderin, die aus Berlin in unseren Haushalt kam, um Wäsche auszubessern. Sie hat auch die Strickkleider angefertigt. Da die so gekratzt haben, hat mein Onkel Hugo Hasenberg, der Schneidermeister, die Kleider mit Taft abgefüttert, da hab ich dann aber oft gefroren.

Wir besaßen ein Klavier und deshalb musste ich lernen, es zu spielen. Immer wenn die Klavierlehrerin ins Haus kam, hab ich mich verkrochen. Meine Mutter bewirtete sie mit Kuchen oder Honigbrötchen. Beim anschließenden Unterricht, richtete sie mir mit ihren klebrigen Fingern meine Finger auf den Tasten aus. Das war immer der scheußlichste Tag für mich. Ich konnte „Heinzelmännchens Wachparade" und „Mariannd'l" spielen. Im Musikunterrichtsraum in der Schule hat mich unsere Mädchenklasse in der Pause immer aufge-

fordert, zu spielen, und dann tanzten sie nach der Klaviermusik.

Ausflug mit dem Stahnsdorfer Männerchor (Gastwirte Otto Behrends, Hugo Meden und Schuhmachermeister Anton Hasenberg)

Im Gemischten Chor sangen beide Elternteile und mein Vater auch im Männerchor Stahnsdorf. Die von den Chören organisierten Weihnachtsfeiern waren immer spannend, fanden mal bei Türck in der Bahnhofstraße, auch in der Gaststätte am Bahnhof Stahnsdorf statt.

Nach Feierabend ist mein Vater mit mir in die Förster Funke Allee am Machnower See gegangen, wo er mir das Fahrradfahren beigebracht hat. Das alte Rad wurde bei Alfred Fietzmann in der Lindenstraße 37 aufgearbeitet. Später bekamen wir jeder ein neues Fahrrad. Mit meinem roten Rad kam meine Mutter von Zehlendorf über Kleinmachnow nach Stahnsdorf angeradelt. Ich erinnere mich noch daran, weil sie stolz eine Sonnenbrille trug.

Interessant fand ich, dass Tischlermeister Beyer auch Segelboote gebaut hat. Die Familie war sportlich, fuhr immer raus zum Wannsee.

Nach der Schulentlassung habe ich ein Jahr in unserem Laden geholfen, bevor ich eine Lehrstelle bei der HO als Verkäuferin bekam.

Mit 18 „musste" ich heiraten, das war reichlich früh. Denn ich war schwanger. Das war für meine Eltern ein Unglück. Mein Vater hat sehr unter dieser Tatsache gelitten – bis seine Enkeltochter dann geboren war.

Ich hielt mich oft in der Werkstatt bei meinem Vater auf, hab den Klebstoff gerochen und den Staub vom Abschleifen der Ledersohlen eingeatmet, hab gesehen wie mit dem Hammer die Täckse ins neue, um den Leisten gelegte Leder geschlagen wurden. Mit diesem Beruf hatte ich nicht so viel im Sinn.

Werner wollte immer nur spielen.

Doch dann blieb mir schließlich nur die Berufswahl zwischen Bauarbeiter und Schuhmacher. Ich wählte den warmen Arbeitsplatz.

Helga Tröger, geb. Wiesner, Jahrgang 1940

Fritz Gerasch, geboren Ende des 19. Jahrhunderts (diente bei den Husaren im Ersten Weltkrieg) Puppengeschäft, Lindenstr. 11

Das Haus in der Lindenstraße 11 gehörte Willi Lorenz (genannt Zippel-Lorenz), dem Sattlermeister mit der Werkstatt im rechten Seitengebäude des Hofes und der Wäscherolle. Er reparierte, was dem Schuhmacher mit seiner Technik nicht möglich war: Treibriemen und Zaumzeug. Er richtete Metallfedern in Polstermöbeln wieder her und versah die Möbel mit neuem Bezugsstoff.

In der unteren Etage des Hauses befand sich, zur Straße gelegen, der kleine Laden von Großonkel Fritz. Mit Schaufenster, Wohn/Schlafzimmer und einer kleinen Küche, in der Tante Charlotte (Lotte) nur eine kleine Fläche beanspruchen durfte. Den weitaus größeren Platz beanspruchte Onkel Fritze für Puppenreparaturen, aber auch sonstige Reparaturen. In einem weiteren Zimmer befanden sich die Reparaturaufträge und die Ersatzteile wie Puppenköpfe, Puppenaugen, Arme und Beine ... und andere Ware zum Verkauf.

Vor dem Krieg hatten Onkel und Tante in Friedenau ein Puppengeschäft. Und oft sagte er so seine Meinung: „Man braucht ein Bett, einen Tisch, einen Stuhl, einen Herd und eine Toilette, Kind. Mehr braucht der Mensch nicht." Alles anderes sei Luxus. Ich hab ihn immer mal seine Zigarre rauchen sehen. Auch erinnere ich mich daran, dass sie beide mal ein Glas Wein getrunken haben.

Er hat bei anderen Familien gearbeitet, zum Beispiel gemalert. Bei sich zu Hause fand er solche Arbeiten nicht nötig.

Er hat Puppen repariert, neue Augen eingesetzt, Arme oder Beine ausgewechselt. Kaufen konnte man in seinem Laden Puppen, Puppenkleider und -schuhe, Puppenwiegen, Puppenwagen.

Onkel Fritze war ein Brubbelkopp, ein Eigenbrötler. Ich bin selten bei ihm im Laden gewesen. Bei der Tante jedoch bekam ich oft Süßigkeiten, dabei bemerkte ich, dass sie sich immer der Meinung des Onkels unterordnen musste.

Das Geschäft lohnte sich Ende der neunzehnhundertfünfziger Jahre nicht mehr. Onkel Fritze wurde dann später bei Bäcker Fahlberg als Hausmeister angestellt. Abends musste er Backbleche putzen. Er prüfte gern die Angestellten auf ihr technisches Wissen, hielt ihnen besondere Schrauben unter die Nase, wollte die genaue Bezeichnung hören und war äußerst verwundert, wenn er nicht die richtige Antwort bekam.

Ingeborg Jorisch, Jahrgang 1942

Ein Stahnsdorfer Kind und seine Verbindung zu vielen Geschäfts- und anderen Leuten –

Friseur Schumann, Schneider Graf, Bäcker Fahlberg, Gaststätteninhaber Materne, Lebensmittelhandel und Fahrlehrer Sehring, Kunstmaler Tietz, Restaurantleiter Stüber, Bäcker Reck, Milchladen Basdorf, Briefträger Max Rossbach, Schuhmacher Hasenberg, Wirtschaftswarenhändlerin Schulz, Religionslehrerin Kraushaar, Eisenwarenhändler Horn, Papier-und Spielwaren Strutzke

Ich wohnte in der Lindenstraße 5. Auf der Straßenseite führte eine Treppe zum Friseurgeschäft Schumann. Im Haus davor, Lindenstraße 3, führte ebenfalls eine Treppe zum Lebensmittelgeschäft von Else Sehring. Zwischen beiden Häusern befand sich ein großes Holztor. Alle Bewohner, sowohl die der beiden Geschäftshäuser als auch die der anderen Gebäude, betraten durch das Tor den teilweise mit Kopfsteinen gepflasterten Hof, um zu den Hauseingängen zu gelangen.

Also in dem linken Haus wohnten Else und Georg Sehring in der unteren Etage neben ihrem Geschäft. Oben wohnte Familie Bruno Mann.

Hinter dem Geschäftshaus von Sehrings erstreckte sich ein niedriges Gebäude, das den Hof links begrenzte. Dort wohnte das ältere Ehepaar Scholz in einer winzigen, sehr einfachen Behausung. Der Mann hatte sich eines Tages mit Gas umgebracht. Ich war vielleicht gerade zehn Jahre alt. Meine Freundin und ich sahen zu wie man den Sarg heraustrug. Dieses Erlebnis hinterließ einen tiefen Eindruck und hatte zur Folge, dass uns lange Zeit gruselte nach dem Spielen bei meiner Freundin im Dunkeln über den Hof allein nach Hause zu gehen.

Der nächste Bau war eine Remise und Stallungen und daneben die hölzerne Teppichklopfstange. Dort wurde der Staub aus den Läufern und Teppichen geklopft. Besonders wirkungsvoll war die Reinigung im Winter, wenn der Teppich zuerst im Schnee liegend und dann über der Klopfstange hängend geklopft wurde.

Die Teppichstange war eine Verbindung vom Remisendach zu einem großen, verwilderten Birnbaum, der nur ganz kleine Früchte trug. Zum Schütteln war der Baum zu dick und eine Leiter hatte niemand. Wer morgens zuerst auf dem Hof war, sammelte die Birnen für sich auf. Meist wurden diese kleinen Früchte noch als Wintervorrat eingeweckt. Oder wir nutzten sie zum Spielen mit Puppen und Katzen.

Am Ende der Gebäudeflucht schloss sich ein Misthaufen an. Hier haben wir Kinder zugesehen wenn neugeborene Katzen an der Wand totgeschlagen wurden. Zeitweise lebten bis zu 13 Katzen auf dem Hof.

Am Ende des Misthaufens war ein kleiner abgezäunter Hof, den meine Mutter zur Hühner- und Kaninchenhaltung nutzte. Ich musste im Sommer Futter für die Kaninchen sammeln, habe sie gefüttert und gestreichelt. Gegessen habe ich Kaninchen nie.

Blick vom Hof Lindenstraße 3/5

Den Hof begrenzte auf der Rückseite ein schönes Zweifamilienhaus. Unten wohnte das ältere Ehepaar Blank und oben der Kunstmaler Heinrich Tietz mit seiner Frau Helene. Ihm durfte ich bei seiner Arbeit zuschauen. Weißer Kittel und schwarze Baskenmütze – so kannten wir ihn. Mich hatte er wohl in sein Herz geschlossen. Zum Geburtstag bekam ich immer ein selbst gemaltes Bildchen. Einmal hat er mir zum Geburtstag eine Karte gemalt: ich auf einem Nachttopf sitzend und am Daumen lutschend. Die habe ich später zerrissen, denn ich schämte mich für das Bild.

Ein Gemälde mit Mohnblumen, Kornblumen und Margeriten im Korb, 1954 von Herrn Tietz gemalt, habe ich von meiner Mutter geerbt. Es hängt heute in meiner Wohnung.

Herr Tietz hatte auch den riesigen Aufsteller mit einer Ähre und einer Flasche Biomalz auf hellblauem Untergrund gemalt. An der Teltower Straßenbahnhaltestelle Warthestraße konnte man ihn sehen. Frau Helene Tietz hat in der Biomalzfabrik in Teltow als Hauptbuchhalterin gearbeitet.

An das „herrschaftlichen Haus" schloss sich bewirtschaftetes Gartenland mit Gemüse und Sommerblumen an.

Die rechte Hofseite begrenzten zwei einfache Wohngebäude. Man gelangte von einem Flur in die zwei kleinen Wohnungen. Links wohnte eine ältere Frau allein. Rechts wohnte zunächst Familie Lenz, später zwei alte Leute, die Familie Krug – eine kleine Behausung – Küche und ein Zimmer mit Kachelofen. Die Familie Krug ging frühmorgens aus dem Haus und kam erst spät abends nach Hause, meist mit gesammelten Reisigbündeln auf dem Rücken. Das Reisig trockneten sie in ihrem Wohnraum neben dem Kachelofen. Manchmal ärgerten wir Kinder die beiden alten Leute, indem wir mit Taschenlampen in die Fenster leuchteten.

Dann folgte eine Scheune mit zwei Toren. Hier lagerte Familie Sehring die Waren für ihr Lebensmittelgeschäft, und dort stand auch das Auto von Herrn Sehring, der als Fahrlehrer tätig war.

Zur Straße hin begrenzte das Haus Lindenstraße 5 den Hof. Neben dem Friseurgeschäft wohnte Frau Sprenger mit ihren Kindern Rosi und Heinz. Der mittlere Sohn, Horst, lebte als Pflegekind beim Ehepaar Schumann. Deren Haus befand sich hinter unserem Hof in der Mühlenstraße und nach Geschäftsschluss sahen wir sie immer über den Hof und durch den Garten nach Hause gehen.

Von 1948 bis 1962 habe ich mit meiner Mutter in der oberen Etage bei dem Briefträger Max Rossbach in einer Einraumwohnung mit zwei Dachkammern gewohnt. Hofseitig war die Küche, giebelseitig das Wohnzimmer. Die andere Dachkammer war mit zwei Betten und einem Kleiderschrank eingerichtet. Alle mit Dachschrägen. Ich habe im Wohnzimmer geschlafen. Die Fenster waren nur einfach verglast, deshalb war es im Winter sehr kalt in der Wohnung. Manchmal kleidete ich mich deshalb unter der Bettdecke an. Ich erinnere mich mit Grausen an die pieksigen langen Strümpfe und das Leibchen mit den langen Strumpfbändern. Die Gummiknöpfe an den Haltebändern der Clipse brachen schnell entzwei, weil die Strümpfe meist sehr dick waren und sich nur schwer durch die Öse ziehen ließen. Ersatzweise wurden dann ein Hosenknopf oder ein Geldstück verwendet, unter den Strumpf gelegt und durch die Öse gezogen.

Strom musste gespart werden und ich durfte nicht bei Lampenlicht Hausaufgaben machen oder lesen. Der offene Schrank, den ich für meine Schul- und Spielsachen benutzen konnte, war klein. Außer zwei Puppen und einer Puppenwiege besaß ich kein Spielzeug.

Neben unserer Wohnung wohnte ein altes Geschwisterpaar namens Graf. Sie waren Onkel und Tante von Frau Sprenger, Flüchtlinge aus Westpreußen. Wir alle nannten sie nur „Onkel und Tante". Onkel war Schneidermeister. Bei ihm haben wir uns in der kalten Jahreszeit oft aufgehalten – Rosi, Heinz und ich – weil es in seiner Schneiderstube immer schön warm war. Er hat gearbeitet und nebenbei Radio gehört. Wenn im Londoner Rundfunk die Sendung mit dem Suchdienst vom Deutschen Roten Kreuz lief, waren wir alle still, um die Lebenswege der Vermissten zu verfolgen. Ich liebte an Onkel, dass er schlau war und sich sehr gut in Geschichte und den Geschichtszahlen auskannte. Er hat uns abgefragt, wenn wir diesbezügliche Hausaufgaben hatten. Onkel konnte auch wunderbar Balladen aufsagen. Das hat mich sehr beeindruckt. Wenn er sich einmal selbst unterhielt, hörten wir so melodische Brummtöne. Das hat uns amüsiert.

Natürlich haben wir mit Onkel auch viel Schabernack getrieben. Zum Beispiel haben wir ihm Stofffusseln auf die Glatze gelegt und manchmal fanden sich auch welche in seinem gezwirbelten ergrauten Bart wieder. Tante war Reinigungskraft in unserer Grundschule. Beide waren streng katholisch. Jeden Sonntag, bei Wind und Wetter, hörte ich sie morgens früh in die Katholische Kirche in der Friedrich-Naumann-Straße gehen. Wegen seiner verkrüppelten Füße konnte Onkel sehr schlecht laufen. Von Tante habe ich die Liebe zur Natur und Naturkenntnisse vermittelt bekommen. Im Sommer sind wir stets Kräuter sammeln gegangen. Sie hat sich daraus einen Vorrat an Tee für den Winter angelegt. Mit Tante und Onkel teilten wir uns einen Flur, einen Ausguss und eine Toilette. Nach einem Toilettengang von Onkel war es „stinkgefährlich", diese zu benutzen.

Gespielt haben wir fast nur draußen. Als Marianne Fahlberg wegen einer Kinderkrankheit im Bett bleiben musste, brachte ich ihr zum Trost meine beiden Puppen. Ihre waren nämlich ihren Hunden zum Opfer gefallen. Ich ahnte nicht, dass meine Puppen das gleiche Schicksal ereilen würde und war dann traurig und wütend. Zu ihren Eltern zu gehen und nach einem Ersatz der Puppen zu fragen, habe ich mich nicht getraut. Die Eltern hätten auch kein Verständnis dafür aufgebracht. Sie hatten andere Probleme als das Spielzeug der Kinder. Marianne und ich waren daraufhin ein ganzes Jahr verzankt. Dazu kam noch, dass ich meine verborgten und sorgsam gehüteten „Frösi"-Hefte (Fröhlich sein und singen) nicht zurück bekam.

Die Angelika Mann (Püppi) war sehr vernascht und hat sehr gerne gegessen. Wenn ich aus der Schule kam, spielte sie auf dem Hof im Sand. Sie kam gerne zu mir in unsere Wohnung. Meine Mutter hatte für mich gekocht und stellte mir den Teller zum Essen hin. Püppi setzte sich an den Tisch mir gegenüber und beobachtete mich. Dann fragte sie, wie das schmeckt und meinte, dass ihre Mutter so etwas nie kocht. Ich gab ihr gerne etwas ab, denn ich war eine Mäkelliese und froh darüber, nicht alles essen zu müssen.

An einem Ostersonntag begegnete ich Ursel Lenz (Ulla) auf dem Hof. Sie war besonders hübsch angezogen, trug ein weißes Kleid, bunt bestickt mit Blumen. Das würde bestimmt lange Zeit ein Sonntagskleid bleiben bis es Schulkleid werden kann und sie es dann irgendwann zum Spielen anziehen darf. Sie sagte, ich solle zu Herrn Sehring kommen und Bonbons abholen. Also bin ich hingegangen, hab an die Tür geklopft. Da fragte er verwundert, was denn los sei. Ich erklärte ihm, dass Ulla mich geschickt hat, um etwas abzuholen. Herr Sehring ließ mich kurz im Flur warten, kam zurück und gab mir eine große Handvoll Bonbons. Schadenfroh ging ich damit an Ulla vorbei.

Herr Sehring mochte Kinder sehr, hat uns immer mit Bonbons verwöhnt. Er hat Bonbons hinter den Vorhang geworfen, wenn wir Puppentheater spielten. Die Kinder aus der Nachbarschaft waren als Zuschauer eingeladen. Die mussten dann natürlich Eintritt zahlen – einen Pfennig oder einen Bonbon.

Irmgard Jorisch und Heinz Sprenger als Brautpaar. Jutta Materne als Blumenmädchen. Rosi Sprenger (rechts) als Brautmutter. Margot Lorenz (hinten Mitte) und das Mädchen daneben genau wie Ulla Lenz (links) als Hochzeitsgäste

Woher wir noch Bonbons bekamen? Von Herrn Zitzlewitz, dem Maskenbildner. Wenn er von der Arbeit kam, vom Filmstudio der Ufa in Westberlin, lief er in Richtung Sandeberg und hatte eine kleine Quietschente, mit der er sich bemerkbar machte. Dann riefen wir „Onkel Bonbonmann", liefen ihm hinterher – und schon zückte er Süßigkeiten aus seiner Manteltasche.

Bei Sehrings haben wir Lebensmittel eingekauft. Es gab damals monatlich Lebensmittelmarken. Ich bekam manchmal von meiner Mutter eine Marke für Zucker und etwas Geld. Dafür durfte ich mir Bonbons kaufen. Frau Sehring hob mit einer kleinen Metallschaufel klappernd aus großen Bonbongläsern ganz nach Wunsch: Maiblätter, Himbeerbonbons, Fenchelbonbons – lose und uneingewickelt – in eine kleine spitze Papiertüte.

Ohne Lebensmittelmarken konnten wir im Konsum in der Lindenstraße (am Konsumberg) einkaufen. Da waren aber die Preise höher. Das Geschäft wurde von Familie Daniel aus Kleinmachnow geführt. Sie hatten zwei Jungen. Mit ihnen wurden wir Teil einer vergnügten Clique: Monika Busse, Renate Kuhlmey und ich. In dieser Runde hab ich meine erste Zigarette geraucht, in Grothes Park gegenüber dem Karpfenteich.

In der Lindenstraße, auf der linken Straßenseite hinter der Drogerie, gab es den Bäcker Reck. Dorthin schickte mich meine Mutter manchmal, um frisches Brot zu kaufen. Das schmeckte dort besonders gut. Ich sollte auch Butter dazu kaufen. Bis ich zu Hause war, hatte ich von beidem genügend abgebissen. Dafür bekam ich eine Ohrfeige.

Schuhe ließen wir bei Hasenberg in der Hauptstraße reparieren. Der Schuster hatte einen guten Service. Die ersten Absatzschuhe mussten bald nach der Konfirmation in die Werkstatt. Wegen des schlechten Straßenpflasters war das Leder von den Absätzen schnell abgeschabt. Aber für Schuhmachermeister Anton Hasenberg stellte das kein Problem dar. Absätze beziehen – er fand immer das passende Leder für die Reparatur.

Sonntags mussten wir Kinder mit der blechernen Milchkanne immer Milch holen – bei Frau Basdorf, Lindenstraße 44. Das war eine offizielle Milchverkaufsstelle für Vollmilch, Magermilch, Buttermilch und Molke auf einem Bauerngehöft. Als ich etwa zehn Jahre alt war, besuchte sie uns einmal. Sie schenkte mir ein Poesiealbum, welches ich noch heute aufbewahre. Frau Basdorf habe ich in meinem Gedächtnis behalten, weil sie mir eine sehr lange Ballade aufsagte, die vom Raub kleiner blonder Mädchen durch umherziehende Zigeuner handelte.

Strutzke war unser Schreibwaren- und Spielzeugladen. Und auch die Schulhefte kauften wir dort, aber das Spielzeug war der eigentliche Anziehungspunkt. Wir hatten Sehnsüchte und Wünsche und kein Geld. Ich schäme mich heute noch für einen Ladenbesuch. Es war Vorweihnachtszeit und ich war mit Heinz Sprenger dort. Er wollte so gern das kleine hölzerne Postauto haben. Im Laden war immer viel Kundschaft. Da hab ich es für ihn gestohlen. Eigentlich war ich ein Angsthase, aber ich gönnte Heinz die Erfüllung seines Wunsches. Er tat mir immer so leid, weil er keinen Vater hatte. Wie er diesen neuen Besitz seiner Mutter gebeichtet hat, weiß ich nicht.

Sonntags gingen wir Kinder in die Kirche. In Vorbereitung auf die Konfirmation mussten wir zwei Jahre vorher beginnend am Konfirmandenunterricht teilnehmen. Vorher hatten wir an der Schule regulär den Religionsunterricht. Dieser wurde durchgeführt von Fräulein Kraushaar, vor ihr hatte ich heiligen Respekt, sie konnte sehr streng sein. Einmal hatte sie mich aus dem Religionsunterricht rausgeschmissen. Mehrere Kinder haben Niespulver genommen und Erkältung vorgetäuscht. Sie hatte uns aber durchschaut. Wir wurden nach Hause geschickt wegen der „Erkältung" und sollten beim nächsten Mal eine Entschuldigung der Mutter vorlegen. Ohne eine Entschuldigung dürften wir nicht konfirmiert werden, behauptete die Religionslehrerin. Meiner Mutter die Wahrheit zu sagen, habe ich mich nicht getraut. So bin ich am darauffolgenden Sonntag in die Kirche zum Gottesdienst und habe kleinlaut meine Lüge zugegeben und mich entschuldigt.

Zum Muttertag wollte ich meiner Mutter Blumen schenken, kaufen konnte ich sie nicht. Hatte kein Geld. So kam ich auf die Idee, Maiglöckchen zu klauen aus einem Vorgarten des Eisenwarenhändlers Horn am Scheidemannplatz. Der hatte mich gesehen und beinahe erwischt, als er mir hinterherlief. Mit meinem kleinen Maiglöckchenstrauß bin ich um mein Leben gerannt. Lange Zeit habe ich mich nicht getraut, dort vorbei zu gehen.

Frau Schulz hatte einen Wirtschaftswarenladen in der Lindenstraße 36. Ich besitze noch heute Likörgläser in Tulpenform, die meine Mutter dort gekauft hatte.

Als ich nach Stahnsdorf gezogen und noch nicht eingeschult war, fand ich in Jutta Materne eine erste Spielgefährtin. Wir haben im

Saal des Lokals getanzt und gespielt. Dort konnten wir uns so herrlich austoben, unserer Fantasie freien Lauf lassen. An Tagen nach Tanzveranstaltungen haben wir unter den Tischen nach Geldstücken gesucht. Zum Tanzen kamen viele Westberliner und da lagen schon mal 1, 2 oder 5 Pfennige unter den Tischen. Für 5 Pfennige konnten wir uns schon einen Kaugummi bei der nächsten Fahrt nach Westberlin kaufen.

Und manchmal standen wir hinter dem Tor und haben Passanten angeführt. Wir banden ein Portemonnaie an eine dünne Strippe und legten es auf den Gehweg. Sobald sich jemand danach bückte, zogen wir es weg.

Wir besuchten die vierte oder fünfte Klasse. Einige Kinder aus unserer Klasse, ca. fünf bis sechs Mädchen und ein Junge, gingen freitags nach dem Unterricht zu Stübers nach Hause. Als erstes haben Karin oder Heidi ein Glas eingeweckte Sauerkirschen oder anderes Kompott aus dem Keller geholt und wir haben es aufgegessen. Eigentlich sollte jeder von uns freitags die elterliche Wohnung sauber machen. Das war unsere ständige Aufgabe. Unsere Mütter waren arbeiten. Und wir sind umhergezogen und halfen uns gegenseitig. Bei Stübers war es immer lustig. Nicht nur wegen der Sauerkirschen. Beide Eltern waren berufstätig *(HOG „Parkrestaurant")* und deshalb nicht zu Hause. Wir haben die Kleider, Strümpfe und Tanzschuhe angezogen und dann getanzt. Die Familie besaß ein altes Grammophon. Wir haben uns ausgiebig aus dem Kleiderschrank der Mutter bedient und uns verkleidet. Die Mutter besaß ja elegante Kleidung. Solche kannten wir von unseren Müttern ja gar nicht. Pelzkragen und Seidenkleider. Auch Eberhard Spiesike zog die Hochhackigen an. Und im Schlafzimmer sind wir auf den Betten herumgehüpft. Natürlich haben wir dann auch die Wohnung sauber gemacht. So zogen wir dann nacheinander noch zu Renate Böhm, zu mir und zu Elfriedes Wohnung, um sauber zu machen.

Die politische Lage, die 1953 dazu führte, russische Panzer durch unsere Lindenstraße fahren zu lassen, erschütterte nicht nur die Erwachsenen, sondern mich als zwölfjähriges Mädchen sehr. Am 17. Juni, noch mitten in der Nacht wurde ich wach. Ich beschwerte mich bei meiner Mutter, dass die Busse solch einen Krach machen, dass ich nicht schlafen kann. Da hat meine Mutter mich ans kleine Fenster der Kammer geholt und mir gezeigt, dass es Panzer sind, die dann nicht nur während der Nacht, auch dann den ganzen Tag aus Richtung Güterfelde kommend, auf der Lindenstraße Richtung Teltow nach Berlin rollten. Zuvor hatte ich bewusst noch keinen Panzer gesehen. Sobald es hell war, fuhr meine Mutter mit mir nach Westberlin, wo all unsere Verwandten wohnten, drei Geschwister meiner Mutter mit Familie. Wir besuchten eine Tante nach der anderen und verabschiedeten uns. Meine Mutter sprach von bevorstehendem Krieg. Ich wusste nichts um die Bedeutung von Krieg, wollte jedoch nicht wieder zurück nach Stahnsdorf. Meine Mutter bestand darauf. Während wir den Hinweg über Potsdam, Glienicker Brücke genommen hatten, liefen wir zurück zu Fuß über Lichterfelde-Süd und dann immer am Bahndamm die Schienen entlang.

Es wird der 18. Juni 1953 gewesen sein als die Kartoffelkäfersammelaktion startete. Ich bekam von unserem Mitbewohner, dem Postboten Max Rossbach, die Zettel, die jedem Haushalt in der Lindenstraße zuzustellen waren. Das Gemeindeamt forderte auf, dass aus jedem Haushalt ein Familienmitglied zum Kartoffelkäfer sammeln erscheinen müsse. Ich erinnere mich noch, dass ich zwischen den Panzern hin und her hüpfen musste. Wir sahen in dieser Kartoffelkäfer-Aktion ein Ablenkungsmanöver für die Bevölkerung. In der Schule erzählte man uns ohnehin, dass es die Amis seien, die die Kartoffelkäfer aus den Flugzeugen abwarfen.

Manchmal holte ich Max Rossbach von der Arbeit ab. Wenn ich zu früh dort war, ging ich noch in das Postgebäude, konnte auch mal Briefmarken auf den Postsendungen abstempeln. Er selbst bekam einmal Post von seiner Schwester aus Brasilien. Ich erinnere mich an Fotos von verwüsteten Häusern nach einem Tornado. – Im Postgebäude wohnte die Familie des Postdirektors mit der Tochter Roswitha. Wir spielten bei ihr mit unseren Puppen, bis eines Tages die Wohnung verschlossen war. Die Familie hatte Stahnsdorf in Richtung Westberlin verlassen.

Max Rossbach konnte gut Schriftarten nachschreiben. Dafür hab ich ihn bewundert und mir das von ihm abgeguckt. Er hat viel mit dem Maler Tietz zusammen gesessen. Aber manchmal kam er auch betrunken nach Hause. Einmal wollte er mich umbringen, weil ich unter der Bettdecke mit der Taschenlampe gelesen habe. Er hat herumgebrüllt, hat mich geschlagen. Ich bin im Nachthemd, barfuß im Winter die Ruhlsdorfer Straße hochgelaufen zu Schumanns in die Mühlenstraße. Frau Schumann brachte mich später dann wieder nach Hause.

Für ein Theaterspiel hatte mir Maler Tietz diese Engelflügel angefertigt. Mein Kleid könnte meine Mutter genäht haben und Max Rossbach hat die Krone angefertigt. Die erwachsenen Bewohner des Hofes nahmen sich jedenfalls viel Zeit für uns.

Eberhard Trodler, Jahrgang 1942

Kurt Trodler, 1907 - 2006
Maler und Glaser, Krughofstraße 4

Aus der Krughofstraße war 1949 der Malermeister Scholz verstorben. Der Bruder meines Vaters, Walter Trodler, fragte beim Bürgermeister nach, ob nicht ein neuer Malermeister gebraucht werden würde. Sein Bruder könnte aus der Prignitz hierher umziehen.

Kurt Trodler hatte seine Meisterprüfung in Berlin abgelegt, ging dann auf die Walz nach Königsberg, wurde Soldat und kehrte 1948 aus englischer Kriegsgefangenschaft nach Wutike zurück. Dort wollte er sich eine neue Existenz aufbauen. Er konnte also nach Stahnsdorf in das Haus mit angebauter Werkstatt in der Krughofstraße kommen. Die Bedingung war, dass er auch Glaserarbeiten ausführen können müsse. Früher waren dies ohnehin gemeinsam ausgeführte Gewerke. Ich erinnere mich noch an die Fachzeitschrift „Maler und Glaser". So zogen also meine Eltern mit uns vier Kindern hierher.

Das Haus stand auf einem großen Gartengrundstück, hatte unten ein Zimmer und Küche und oben ein Schlafzimmer und zwei Kammern. Das war ausreichend für uns. Wir wohnten zur Miete. Meine geistig behinderte Zwillingsschwester Erika benötigte die besondere Zuwendung meiner Mutter. In unserem großen Garten gab es verschiedene Obstbäume, und meine Mutter baute Kartoffeln und etwas Gemüse an. Kaninchen und Hühner hielt sie auch.

Die Gemeindeschwester Dora Teichert war oft bei uns, hielt die Verbindung zu den Erben Scholz als Vermieter.

Ich wurde in die erste Klasse der Grundschule aufgenommen und habe mich täglich vor dem Schulbesuch gegrault. Habe so das Gefühl, wie eine graue Maus durchs Schulleben geschwommen zu sein. Ich hatte zwar Freunde, zum Beispiel Klaus und Erwin Schwarz aus unserer Straße. Wir haben Tischtennis gespielt und im Garten tiefe Höhlen gegraben – mit Brettern abgedeckt – und solche auch im Bahnschacht gebaut.

Auf dem Dorfplatz kannte ich sämtliche Kinder der Bauern – so Kuhlmey, Pardemann, Letz, Petzoldt, Liefeldt ... weil ich mit der Zweiliter-Blechkanne von einem Bauern zum anderen ging, um Milch zu kaufen. Manchmal gingen die Bauersfrauen auch erst in den Stall, um zu sehen, ob bereits gemolken war. Dann bekam ich warme Milch eingefüllt. Wenn Vater kurz zuvor erst einen Auftrag erledigt hatte, brauchte ich nichts bezahlen.

Strutzke mit seinen Papier- und Schreibwaren war immer lustig und im Laden war es interessant. Da ging ich gern Spielzeug anschauen und Adventskalender kaufen. Auch in der Drogerie bei Fräulein Langoilette gab es Interessantes zu sehen. Wenn die Blicke lange genug auf den Gläsern mit den gesunden Bonbon haften blieben, gab es auch schon mal einen geschenkt.

Schlittschuhlaufen fand auf dem *Runkelpfuhl,* Karpfenteich und auf der Bäke statt. Und Eishockey haben wir gespielt. Die Schuhe litten sehr unter den Schrauben der Schlittschuhe, Absätze lösten sich. Das gab dann immer Ärger zu Hause.

Wir hatten so etwa in der 6. oder 7. Klasse Banden gebildet. Trommelgeräusche mittels Blecheimer und Stock waren das Signal unserer Bande. Treffen war dann am Bahnschacht. Wir haben einer anderen Bande gegenüberstanden und Angriffe gestartet. Mit Katschi (Zwille), Knüppel und Flitzebogen haben wir uns beschossen. Es gab auch mal einen Unfall, einer der gegnerischen Bande verlor dabei ein Auge. Auf ein Kommando ging dann ohne „Waffen" eine Prügelei los. Die Eltern wurden außen vor gelassen, fragten nur nach, wenn ich mit Schrammen nach Hause kam.

Als größeres Kind fuhr ich mit der Straßenbahn zum Kinobesuch nach Lichterfelde. Tarzan- und Cowboyfilme waren für mich interessant. Auch „Der kleine Sheriff" – eine Zeitschrift mit Basteltipps. Einmal wollte ich zurück nach Stahnsdorf, hatte aber keinen weiteren Ausweis als den Straßenbahnfahrschein von der Hinfahrt, doch die Grenzpolizisten ließen mich nicht passieren. Also bin ich zurück zum Kino und hatte Mühe, meine Angst vor den in schwarzes Leder gekleideten Jugendlichen mit ihren Motorrädern zu verbergen. Mir fiel dann ein, dass Teltow ja auch einen S-Bahnhof hatte. Also habe ich Leute angebettelt um das Geld für die S-Bahn-Fahrkarte. Ich hab es geschafft.

In der Osterzeit hab ich mit meinem Schulfreund Klaus Schmidt Weidenkätzchensträuße gebunden und in Wannsee verkauft. Wir erzielten dadurch schnell etwas Taschengeld, das wir ausgaben für Eis oder Micky Maus-Hefte. Und einmal wollten wir nahe der Dreilindener Autobahn durch den Wald laufen, da versperrte uns die Streife der Genzpolizei den Weg und machte uns mächtig Angst. Es gab aber keine Anzeige.

Diese Angst war aber längst nicht so groß, wie diejenige, die wir hatten als wir auf dem Feld vor der Bauernsiedlung gekokelt haben und dabei ein Strohhaufen abbrannte. Nachdem wir das Feuer nicht selbst löschen konnten, sind wir zu unserem Glück unerkannt entkommen.

Mit 18 Jahren hab ich mir eine 350er Jawa gekauft und es gab wieder einen festen Treffpunkt in der Nähe des Bahnschachtes.

Mein Vater hat sich sehr um eine gute Auftragslage bemüht. Zu seinem Arbeitsfeld gehörten nicht nur Privathaushalte, er hat auch andere Aufträge übernommen. Den Angestellten seines Vorgängers, Fritz Schubert, hatte er übernommen und im Elisabeth-Sanatorium eingesetzt. Dort gab es schon eine kleine Werkstatt und ich erinnere mich, als zwölfjähriger Schüler stundenweise und später dann auch als Lehrling dort mitgearbeitet zu haben, weil es wegen der zahlreichen Krankenzimmer viel zu tun gab. Malern und glasern. Meine drei Jahre ältere Schwester Waltraud hatte auch den Malerberuf ergriffen und ihn einige Jahre im väterlichen Betrieb ausgeübt, bevor sie dann den Beruf der Kindergärtnerin erlernte. Außerdem stellte er noch einen Flüchtling aus Breslau an.

Mein Vater hat manchmal auch Aufträge in Westberlin übernommen. In der Nähe des S-Bahnhofs Zehlendorf gab es einen Eisenwarenladen, in dem er mir einen Eisenbahntriebwagen und einen Anhänger gekauft hat. Ich war zwar bei dem Einkauf dabei, aber die Erwachsenen tuschelten und Vater bezahlte für ein Paket, das dann ein Weihnachtsgeschenk war. Der Laden, heute mit einem anderen Angebot, erinnert mich immer an das schöne Geschenk. Wir feierten Weihnachten im schön geschmückten Zimmer und bekamen Bekleidung und auch Spielzeug geschenkt.

Ich war ungefähr zwölf Jahre alt, da bekam mein Vater Glas als große Scheiben geliefert. Ich erinnere mich lebhaft daran, dass mein Vater nicht anwesend war und dass ich es mit großer Anspannung geschafft habe, diese große Scheibe auf den Zuschneidetisch zu legen und weiter zu bearbeiten. Vielleicht war das ein Ergebnis meiner sportlichen Aktivität, denn in einer Turngemeinschaft hab ich zweimal wöchentlich geturnt und so meine Kraft und Geschicklichkeit fürs Leben trainiert. Die Sportbegeisterung hatte ich von meinem Vater, der selbst auch im Turnverein war und sich die örtlichen Fußballspiele bis hin nach Babelsberg ansah.

In Haushalten wurde mehr als nur Decken und Wände abgewaschen, gekalkt, gestrichen, tapeziert. Häufig wurden Holzimitationen vorgenommen, bei Möbeln und Türen, Türrahmen mit deckender heller Farbe gestrichen, dann eine Bierlasur aufgetragen und mit Pinseln modelliert. Die Holzdielung der Fußböden wurde gestrichen und die Scheuerleisten, auch Linoleum als Fußbodenbelag verlegt. Deckenmalerei war eine Zeit lang modern – Linien in verschiedenen Strichstärken, auch Ornamente in den Zimmerecken. Mein Vater hat mir auch das Vergolden beigebracht, zum Beispiel für Bilderrahmen. Fensterrahmen wurden vor einem Neuanstrich mit einer Flamme abgebrannt. Außenanstrich von Gebäuden gehörte ebenso zu unserer Arbeit.

Wir boten ein kleines Sortiment an Tapeten an, aber wer in West-Berlin arbeitete oder es finanziell ermöglichen konnte, besorgte sie sich dort. Zur Zierde wurden Tapetenleisten am oberen Rand an die Wand genagelt. Nicht nur die Tapeten, selbst die Öl- und Alkydfarben waren im Westen von besserer Qualität. Duculux war eine bekannte Farbe, deren Verwendung im Haus man schon am Geruch erkannte. Wenn jemand einen Sockel der Wand in Küche oder Treppenhaus nicht nur mit Ölfarbe gestrichen haben wollte, wurde lederartige Tapete auf Stoß verwendet. Als Ersatz für Tapete wurde grobes Tuch, auch Scheuerlappen in Farbe getaucht, etwas ausgewrungen und die Wand in gewünschtem Farbton gewickelt. Als Fachleute verwendeten wir auch Walzen mit geprägtem Muster, die während des Arbeitsganges mittels einer Schwammwalze mit Farbe benetzt wurden.

Große Kübel mit Farben, Lacken, Leimfarben wurden angeliefert. Wir bekamen zum Beispiel ein Fass mit Pflanzenleim, der war gallertartig und musste geschlagen werden und verdünnt. Kreide wurde eingeweicht und Trockenpigmente hinzugesetzt, je nach gewünschtem Farbton. Das war eine umfangreiche Vorbereitung.

Mit seinem Handwerksbetrieb konnte der Vater unsere Familie gut unterhalten. Wir hatten kein Auto. Jeder besaß ein Fahrrad mit Anhänger. Ich hatte einen Einradanhänger und transportierte damit die Farbeimer und auch eine Leiter.

Gereist sind wir als Familie nicht, auch nicht meine Eltern allein. Wir hatten jedoch häufig Verwandtenbesuch, denn mein Vater hatte sieben Geschwister. Der Bruder meiner Mutter kam auf einem Motorrad mit Beiwagen. Das war für mich natürlich immer ein besonderes Erlebnis, durfte ich mich doch auf das Motorrad setzen und auch mal im Beiwagen mitfahren.

Von der Schule aus wurden Klassenfahrten organisiert. Das hat mir gefallen. Meine Schwester Heidi fuhr jedes Jahr mit ihrer Klasse und dem Lehrer Heinz Natalis in die Sächsische Schweiz. Sie hat dafür gesorgt, dass ich zweimal mitfahren konnte.

Schwimmen gelernt hab ich am Machnower See. Die erste Mutprobe bestand darin, vor der Friedensbrücke den Kanal zu überqueren. Das Freischwimmerzeugnis bekam ich für die Leistung im Schwimmbad der damaligen Zigarettenfabrik. Mein Vater hatte später den Auftrag übernommen, das Becken mit einer Chlor-Kautschuk-Farbe zu streichen. Dabei bildeten sich Gase im Becken, die uns immer wieder zu Arbeitspausen zwangen. Den Geruch hab ich heute noch in der Nase.

Inzwischen gab es viele Malerbetriebe in der Stahnsdorfer Umgebung. Wir haben auch in den Teltower Betrieben gearbeitet. Es gab aber zunehmend Schwierigkeiten, Material zu besorgen und personell hatte sich auch einiges in seinem Malerbetrieb geändert: Schubert war verstorben, ein anderer Angestellter hatte sich selbständig gemacht, Waltraud, meine Schwester, schlug einen anderen beruflichen Weg ein – so ging er zur KWV (Kommunale Wohnungsverwaltung) und hat dort als Meister die Maler angeleitet. Die Maurer gehörten auch dazu.

Nun galt es auch für mich, eine neue berufliche Perspektive zu suchen. In der Schule für Angewandte Kunst in Heiligendamm nahm ich ein Studium auf. Der Abschluss hieß lapidar „Dekorativer Maler mit Fachschulabschluss". Danach schloss ich in Potsdam das Ingenieurstudium ab. Durch Einflüsse von Künstlern entdeckte ich meinen Hang zur Malerei und blieb dabei – immer bereit andere Menschen beim Malen zu beraten.

Mein Vater hat noch mit 90 Jahren den Außenanstrich unseres Hauses angeleitet und auch fleißig mitgearbeitet. Mit 97 Jahren hackte er selbständig unsere Schneeballhecke im Garten heraus.

Helmut Schulz, Jahrgang 1943

Gustav Kracht, 1904 - 1987
Klempner und Installateur, Lindenstraße 20

Gustav Kracht wurde in Raben geboren, kam 1938 nach Stahnsdorf und baute ein Haus in der Blumensiedlung. Er arbeitete in Kleinmachnow bei der Bosch Maschinenfabrik, das war ein kriegswichtiger Betrieb, weshalb er nicht zur Wehrmacht eingezogen wurde. 1945 gründete er seinen Handwerksbetrieb als Klempner und Installateur.

Meine Mutter ist die Schwester von Gustav Kracht. Ich bin in Ostpreußen geboren, wo meine Eltern eine Landwirtschaft in der Nähe meiner Großeltern gründeten. Nach dem Krieg begab sich meine Mutter mit mir und meinen beiden älteren Brüdern – wovon einer in Stahnsdorf geboren war – auf dem Treck zurück nach Stahnsdorf. 1946 sind wir hier angekommen. Bei meinem Onkel, Gustav Kracht, fanden wir Aufnahme. Er wohnte damals noch im Schneeglöckchenweg, wo er auch seine Werkstatt hatte. Im gleichen Jahr kehrte mein Vater aus amerikanischer Kriegsgefangenschaft zurück. Beide waren selbständige Handwerker als Klempner und Installateure. Vor dem Krieg war mein Onkel bei meinem Vater angestellt. Nun war es umgekehrt. 1949 bekam mein Vater auf dem Klärwerksgelände in Stahnsdorf nicht nur eine Anstellung sondern auch eine Betriebswohnung mit Komfort: Fernheizung, Warmwasserversorgung, Gasanschluss. Ein Bad! In einer Zeit, wo viele Häuser zerbombt waren und die Menschen nur notdürftig untergebracht waren. Wir wohnten zu fünft in zwei Zimmern. Man nannte uns die Bauern vom Klärwerk, denn meine Eltern hielten Schweine, Ziegen, Schafe, Hühner. Da fiel für uns Kinder immer Arbeit an – die Tiere zu versorgen. Wegen Spannungen in meinem Elternhaus fühlte ich mich eher zu meinem Onkel und meiner Tante hingezogen, die kinderlos waren. Mein

Vater verließ später unsere Familie und ich genoss die Fürsorge meines Onkels und meiner Tante.

Der Rückweg von der Schule führte mich täglich – eigentlich in entgegengesetzte Richtung – über die Lindenstraße 20, wohin Onkel und Tante 1955 gezogen sind.

Ich erlebte den Handwerksbetrieb als Zuschauer, wurde auch zu Handreichungen herangezogen. Meine Kontaktfreude zu den Kunden kam sehr gut an, und Onkel Gustav und Tante Marta stärkten mich mit Lob. Abends bin ich immer nach Hause zum Klärwerk gegangen.

Als Handwerker hatte mein Onkel ja seine Beziehungen, so dass er schon rechtzeitig an das Telefonnetz angeschlossen war. So kamen zwar Kunden auf den Hof, aber Aufträge gab es auch per Telefon, an dem die dunkle Stimme meiner Tante mit „Krrrrracht" zu hören war. Als Geselle war Willi Brabandt tätig, und ein Verwandter hatte bei ihm gelernt und ein paar Jahre bei ihm gearbeitet. Heimlich hoffte der Meister wohl, dass dieser Neffe das Handwerk weiterführen würde.

Dadurch, dass mein Onkel Aufträge beispielsweise vom Kfz-Instandsetzungsbetrieb „Max Reimann" in Kleinmachnow und vom Personenkraftverkehr in Potsdam übernahm, konnte er über restliches Material verfügen und es für andere Kunden einsetzen.

So hat jeder von jedem gelebt. Treffen mit anderen Meistern bei der Handwerkerinnung dienten zum Erfahrungsaustausch und als „Materialbörse". So war also das einfache, Standardmaterial vorhanden.

Morgens fuhr Onkel Gustav mit dem alten Opel, Willi Brabandt neben ihm im Führerhaus und der jüngere Angestellte hinten auf dem Kasten auf die Baustelle. Die tägliche Arbeitszeit war zwar von der Handwerkskammer vorgegeben, aber es kam schon vor, dass ein Auftrag noch am selben Tag mit Überstunden erledigt wurde. Aber so verlässlich pünktlich kam der Onkel nie nach Hause. Darüber klagte die Tante immer. Er erzählte sehr gern und weit ausholend. Wenn er also jemanden zum Erzählen gefunden hatte, vergaß er die Zeit.

Klempnermeister Gustav Kracht

Ich hatte ein Fahrrad, für welches mein Vater die Teile zusammengesammelt hat. Geheimnisvoll baute er es über Wochen im Keller zusammen bis ich es als Geburtstagsgeschenk bekam. In die Schule durfte ich aber damit nicht fahren, obwohl ich so gern gezeigt hätte, dass ich ein Fahrrad besitze. Also stellte ich es bei Onkel und Tante ab und ging den Rest des Weges zu Fuß zur Schule. Mir passierte es, dass ich eigentlich nur kurz mal seine Hilfe bei einer Werkelei brauchte, wofür ich vielleicht zehn Minuten eingeplant hatte. Er erklärte so weit ausschweifend, dass eine halbe Stunde verging.

Er wurde auch abends oder am Wochenende zu Havarien gerufen. Natürlich brummte er seinen Kommentar, „Mensch, damit kommt ihr am Samstagabend." Aber losgefahren ist er immer, auch sonntags.

Als ich so im jugendlichen Alter war, hat er mich als Helfer auf die Baustellen mitgenommen. Mit dem dabei verdienten Geld besserte ich mein Taschengeld auf. Er ist zum Beispiel an vier aufeinander folgenden Wochenenden auf einer Baustelle tätig gewesen, wo er Heizungen in Schweineställen installierte. Die Aufträge waren größer, so dass er noch weitere Helfer dazu beschäftigte. Sonnabends um sieben waren wir auf der Baustelle und haben gearbeitet bis weit in den Nachmittag hinein. Ich war ja in dem Alter, wo ich abends auch mal ausgehen wollte, zu Materne oder so. Da drängte ich dann unruhig und bekam zu hören, „ja, aber morgen um sieben geht's hier weiter." Na, dann ging es auch wirklich bis Sonntagnachmittag.

Am Wochenende saß er oft über den „Büchern", denn aus den Auflistungen der Angestellten musste er die Arbeitsstunden zusammenstellen für die Kundenrechnungen. Das war eine umständliche Rechnerei, weil für die Bevölkerung die Preise künstlich niedrig gehalten werden mussten und beim Finanzamt laut Preislisten höhere Kosten abgerechnet wurden. Die Tante hat zwar die Post- und Bankgeschäfte geführt, aber weil er die Arbeitsleistungen auf der Baustelle kannte, wurden seine Auskünfte für diese komplizierte Abrechnung gebraucht. Das war ihre Gemeinschaftsarbeit.

Die Handwerker im Ort hatten Verbindung zueinander und haben sich gegenseitig Empfehlungen gegeben. So musste die Handwerkerfrau nicht auf einen Termin beim Friseur warten. Nach

Obst und Gemüse brauchte die Tante sich nicht immer anstellen, das wurde auch mal ins Haus gebracht. 15 eigene Hühner trugen auch noch zur Versorgung der Familie bei. In den Nachkriegsjahren hatten Onkel und Tante ein Rieselfeld gepachtet. Dorthin sind wir gefahren, um zu ernten und so die Ernährung zu sichern. Schwein und Ziege wurden gehalten.

Ich bin auch einkaufen geschickt worden. Sollte immer sagen, dass ich von Krachts komme. Das brachte uns bei der dünnen Warendecke im Einzelhandel durchaus einen Vorteil.

Hin und wieder haben sie mir auch mal ein Kleidungsstück gekauft. Ich erinnere mich noch daran, dass Onkel mich Mitte der fünfziger Jahre mal mitgenommen hatte nach Zehlendorf. „Der Junge muss doch eine Mütze haben …" Da bekam ich eine Jockey-Mütze, braun mit sechs Segmenten, einem Knopf obendrauf und einer kleinen Troddel dran. Ich fand die Mütze gar nicht so toll. Aber Onkel wollte, dass ich eine Mütze trug. Für sich hat er Zigaretten mitgebracht. Ich weiß auch noch, dass wir unser Geld in West-Geld getauscht haben, um bestimmte Waren kaufen zu können.

Es gab auch Kunden, die Material aus dem Westen hatten, das er dann verbaute. Aber er hat kein Material für andere von dort besorgt. Als er dann Rentner war, hat er schon mal „exquisite" Dinge wie Gewindekitt oder Gewindebohrer mitgebracht, die ihm die Arbeit hier erleichterten.

Die Tante hat ja Mittagessen gekocht und oftmals hat der Angestellte mitgegessen. Er gehörte ja aufgrund seiner langjährigen Mitarbeit schon fast zur Familie. Weitere Mitarbeiter waren nur zeitweise beschäftigt. Zum Frühstück hat die Tante Kaffee angeboten.

Bonbons und Schokolade bekam ich bei meiner Tante immer. Und als ich dann im jugendlichen Alter Samstagabends schon mal ausging, bekam ich auch mal vom Onkel einen Zehner. Sie waren recht großzügige Menschen. Zu Besuchen bei der Verwandtschaft in Niemegk nahmen sie Obst, Gemüse und auch mal eine Wurst mit. Die Fahrt in seine alte Heimatstadt Niemegk genoss er als seine Freizeit. Zum Abendbrot trank er sein Bier zuhause, aber er ging nicht aus, hatte auch kein Hobby. Viel Zeit ging aber für die Erhaltung des Opels drauf. Betriebsurlaub gab es zwar, aber oft mussten Onkel und Tante die Zeit für Angebotserstellungen und anderen Papierkram nutzen.

Im Wohnhaus befand sich ein kleines Büro. Tante schrieb auf einer alten Remington-Schreibmaschine. Ich musste nach Erlaubnis fragen, dann durfte ich diese Technik auch ausprobieren. Hab auch Durchschläge mit Blaupapier angefertigt, so 3 bis 4 Blätter eingelegt. Die Rechenmaschine mit der Kurbel hat mich weniger interessiert.

Einmal pro Jahr gingen sie auch auf Reisen – Thüringen oder so. Im Rentenalter fuhren sie dann zu Verwandten nach Hamburg, zum Beispiel anlässlich ihrer Goldenen Hochzeit.

Onkel Gustav hat mit vielen Beziehungen beim Kraftverkehr oder der DHZ einen alten *Barkas* zu kaufen bekommen, so konnte er den alten Opel, den er immer wieder „gesundgebetet" hat, abstoßen. Der *Barkas* war sein ganzer Stolz. Als Zweitwagen hatte er auch einmal den DKW F8, also für sonntags. Seine Touren nach Niemegk hat er ja mit dem Opel gemacht. Der Pkw Opel, Baujahr 1934 wurde zum Klein-Lkw umgebaut. Tante saß neben ihm und ich auf ihrem Schoß. In den sechziger Jahren dann wurde die Volkspolizei schon aufmerksamer und bemängelte, dass ich nicht mehr vorn sitzen dürfte. Ich sollte einen extra Sitz haben. Das Auto hatte ja eine durchgehende Bank – also setzte ich mich in die Mitte und hatte den Schalthebel zwischen den Knien. Auf dem

Auto hat er mir als Sechzehnjährigen dann das Autofahren beigebracht. Auf dem Rückweg von Niemegk beispielsweise ließ mich der Onkel auf der Autobahn ein Stück fahren. Er hatte großes Zutrauen zu mir. Aber vor dem Berliner Ring war dann wieder Fahrerwechsel, weil dort eher Kontrollen zu erwarten waren.

1953 am 16. Juni kam ein Cousin aus Berlin-Grünau zu Tantes Geburtstag. Abends nach der Feier brachte Onkel ihn nach Teltow zur S-Bahn. Wieder zu Hause angekommen, berichtete er, dass er auf dem Rückweg Panzer nach Berlin rollen sah.

Gewindeschneiden hab ich mir schon in der Jugend angeeignet, weil ich mitgeholfen habe. Auch bei Erdarbeiten hab ich mitgemacht. Ich habe im Garten geholfen oder dem Onkel bei der Arbeit zugesehen.

Baugeschäft Hammer, Schulzenstraße war Geschäftspartner von Onkel Gustav. Seinen Lagerplatz hatte Hammer in dem Wäldchen in Verlängerung der Schulzenstraße in Richtung Blumensiedlung. Auf der freien Fläche im Wäldchen haben wir Fußball gespielt. Wir nannten es „unser Waldschlösschen".

Beim Kohlehandel Pardemann in der Krughofstraße 7 bestellten wir mit Onkel Kohlen. Dort auf dem Hof liefen ihre Hühner herum, und der Hahn musste wohl gemerkt haben, dass ich ängstlich war und hat mich gejagt. Beim Wegrennen verfolgte er mich und hat mich dann ordentlich mit seinem Schnabel in die Hand gezwickt.

Den Maler Trodler, aus der Krughofstraße 4, sah man immer mit gefalteter Zeitungsmütze.

Strutzke, Lindenstraße 39, war die erste Adresse für Schulmaterial. Ich brauchte so manches Mal etwas und ging morgens vor Schulbeginn noch schnell zum privaten Hintereingang des Hauses. Einmal brauchte ich Blaupapier, ein Paket wollte ich haben.

Solche Menge wollte er aber nicht abgeben, sonst würden die anderen Kunden ja nichts bekommen. – In Strutzkes Laden bin ich einmal abgekippt. Die Vorgeschichte: Bevor Onkel mit seinem Auto rückwärts auf sein Grundstück fahren wollte, stand ich noch an seiner Fahrertür und wir erzählten. Beim Losfahren ist er mir mit dem Vorderrad über den Fuß gefahren. Das hat mir sehr weh getan, aber ich hab mir die Schmerzen verkniffen und ging trotzdem zu Strutzke einkaufen. Im Laden stehend wurde mir schlecht und ich bin abgeklappt. Da gab es Aufregung, Kunden trugen mich nach hinten in die Küche und später erzählte ich, dass Onkel mir unabsichtlich über den Fuß gefahren ist. Das hatte aber keine Folgen für meine Gesundheit.

Vom Gewerk der Installateure erinnere ich mich noch an Familie Fritz Paschke auf dem Hof der Lindenstraße Nr. 34 und Gustav Witwer in der Potsdamer Straße gegenüber dem Kino. Aber konkurrieren brauchten sie nicht. Es war genug Arbeit für alle da. Nachwuchs in der Branche gab es auch nicht – Materialschwierigkeiten und die Bürokratie waren wohl hierfür die Gründe. Wolfgang Paschke war in den Westen gegangen, hielt aber den Kontakt. Im Rentenalter hat Onkel ihn auch besucht, brachte manchmal Kleinmaterial mit. Mir hatte Onkel Gustav ja auch angeboten, aus meinem Beruf als Werkzeugmacher im VEB GRW (Geräte- und Reglerwerke) Teltow auszusteigen und das Geschäft weiterzuführen. Aber nach alledem, was ich miterlebt hatte, lehnte ich ab.

Bis 1978 führte der Onkel seinen Betrieb – also noch bis ins Rentenalter. Gegen eine Übernahme durch die PGH (Produktionsgenossenschaft des Handwerks) hat er sich erfolgreich gewehrt. Als Angestellter zu arbeiten, das wäre gegen seine Berufsehre gewesen.

Horst Sprenger, Jahrgang 1943

Franz Schumann, 1898 - 1968
Friseur, Lindenstraße 5

Ich wurde nach meiner Schwester Rosemarie (Jahrgang 1939) als zweites Kind meiner Eltern Anna und Karl Sprenger geboren. Ein Jahr später kam mein Bruder Heinz auf die Welt. Mit uns drei Kindern suchte meine Mutter im Luftschutzkeller des Hauses der Schumanns in der Mühlenstraße Zuflucht.

So ergab es sich, dass ich mich häufig bei meinen späteren Pflegeeltern, dem Friseurmeister-Ehepaar Franz und Herta Schumann, deren beide Kinder kurz nach der Geburt gestorben waren, aufhielt. Mein Vater war mit Franz Schumann zusammen im Krieg. Bevor mein Vater 1947 starb, vertraute er mich den Pflegeeltern an mit den Bedenken, dass meine Mutter es nicht schaffen würde, drei Kinder allein durchzubringen. Mir war viele Jahre lang nicht bewusst, dass Rosi und Heinz meine Geschwister sind. Wir haben zusammen gespielt, ja – wohl auch deshalb, weil meine Mutter im Hause Schumann sauber gemacht hat. Später begriff ich, dass sie meine Mutter ist, aber dennoch genoss ich meine Vorteile bei den Pflegeeltern.

So eine große Familie bot mir beispielsweise die Möglichkeit, mein Mittagessen auszuwählen. Meine Pflegeeltern mussten ja das Mittagessen zu Hause vorbereiten und im Laden wurde dann gegessen. Natürlich war ein Eintopfessen dafür sehr praktisch. Nie wollte ich Eintopf essen. Also fragte ich zuerst nach bei meinem Onkel, dem Schneidermeister Graf, der wie meine Mutter und Geschwister in dem Haus wohnte, in welchem sich das Friseurgeschäft befand. Und wenn mir das Gericht nicht passte, ging ich zu meiner Mutter. Zu ihr hatte ich immer ein gutes Verhältnis.

Meine Pflegemutter hielt das Geschäft geöffnet während mein Pflegevater als Soldat im Kriege war. Er geriet gegen Kriegsende mit einer Durchschussverletzung der rechten Hand in Kriegsgefangenschaft. Ende 1945 wurde er mit einer Kopf- und Handverletzung aus der Gefangenschaft entlassen. Ein Lkw setzte ihn in der Stahnsdorfer Hauptstraße ab. Bekleidet war er noch mit Uniformteilen der deutschen Wehrmacht. So wollte ihn eine vorbei fahrende russische Militärstreife gleich wieder mitnehmen. Im Wortwechsel erwähnte er, dass er zu seiner Frau will, die im nächsten Haus als „Perückenmacher" tätig ist. Daraufhin durfte er weitergehen.

Er konnte mit der beschädigten Hand gerade so den Kamm halten und mit der anderen die weiteren Friseurtätigkeiten ausführen. Noch 1945 musste er das Geschäft kurzzeitig schließen. Die russische Verwaltung hatte das bestimmt. Es gab eine Überprüfung wegen eventueller Nazi-Vergangenheit.

Währenddessen arbeitete er als Aushilfe in der Spinne in Berlin, damit Geld in die Haushaltskasse reinkam. Dort hatte er Arbeiter in weißen Kitteln gesehen und auch die guten Arbeitsbedingungen für Werkzeugmacher. Das löste in ihm den Wunsch aus, mich, seinen Sohn diesen Beruf erlernen zu lassen.

Wenn er sein Friseurgeschäft weiter geöffnet halten wollte, musste er sich bereit erklären, in der russischen Kaserne in der Annastraße den Soldaten und den Offizieren die Haare zu schneiden. Natürlich übernahm er die Pflicht. Das hatte dann den Vorteil, dass er sich dort im Essenraum vor dem Abräumen die Brotreste einpacken konnte. Viel mehr hatten die Soldaten ja auch nicht. Diese „Spende" war gut für uns, so gab es außer Kohlsuppe auch noch etwas Festes in den Magen. Andererseits ist es auch passiert, dass ein eifriger Soldat ihn als Deutschen festnahm, weil er sich der Wache genähert hatte. Wenn er von seinem „Außendienst" nicht nach Hause zurückkehrte, dann ging meine Pflegemutter zu den Offizieren in ihre Privatwohnungen vor dem Kasernengelände und erkundigte sich nach seinem Verbleib. Der Informationsfluss beim russischen Militär ließ zu wünschen übrig, er wurde nicht immer gleich aufgefunden.

Ich hatte also ein geordnetes Elternhaus, hatte zu essen und passende Kleidung. Mein Bruder erhielt die Kleidung, aus der ich herausgewachsen war. Wir haben zusammen gespielt und gerauft und waren uns einig, wenn wir einen Dritten verprügeln wollten. Aber eigentlich war immer ein Abstand zwischen uns.

Friseurgeschäft Franz Schumann

Ich verbrachte viel Zeit im Laden. Und wenn wenig Kunden da waren, dann erledigte ich auch meine Hausaufgaben dort. Ich habe „lange Ohren" gemacht und viele Geschichten über Stahnsdorf und die Einwohner erfahren. Die Motoren der Trockenhauben ließen den Erwachsenen ja eine genaue Beurteilung der gesprochenen Lautstärke nicht zu. So kam mir manches zu

Ohren, das eigentlich nicht für mich bestimmt war. Mein Pflegevater beobachtete mich im Spiegel sehr genau und wenn es bei der Lösung der Aufgaben „hakte", fragte er einen geeigneten Kunden, ob dieser dafür nicht die Lösung wüsste. Ja und so war ich schnell mit meinen schwierigsten Aufgaben fertig.

Wie viele Leute auf dem Hof zwischen den Hausnummern 3 und 5 gewohnt haben, ist mir erst später bewusst geworden. Das war ja eine Dorfgemeinde für sich. Eine einzelne Frau und ein Ehepaar, hinten in dem Haus wohnte der Kunstmaler und unten eine junge Familie, links eine einzelne Frau, der wir immer Baldrian unter das Fenster geschüttet haben, damit sie dem Katzengesang ausgesetzt wurde. Sehrings, Manns, Frau Lenz mit ihren Kindern, mein Onkel, der Schneider Graf, der auf Wunsch die Garderobe aus dem Textilhaus Juch geändert hat, der Postbote Max Roßbach mit Frau Jorisch und deren Tochter Ingeborg. Max aß so viel Hackepeter, dass mein Pflegevater meinte, der würde mal vom Bandwurm aufgefressen werden. Aber nein, sein Leben endete durch einen Sturz von der steilen Treppe zu seiner Wohnung.

Weil meine Pflegeeltern beide im Laden beschäftigt waren, erledigte ich die Einkäufe. Lebensmittel gab es auf Marken. Oft gelang es mir trickreich, beim Einlösen der Marken beim Fleischer, Lindenstraße 7 noch eine Marke über 100 g Fleisch für eine Bockwurst abzuzweigen. Die vielen Kundinnen, die im Laden in der Warteschlange anstanden, unterhielten sich laut, die Verkäuferin hörte und erzählte mit – so begünstigte der Konzentrationsmangel meine zusätzliche Bockwurstmahlzeit. Bei der Abrechnung zu Hause fielen im Einkaufspreis die Pfennige für die Bockwurst nicht auf. Oder doch?

Obwohl – der Umgang mit Geld wurde mir anerzogen. Wünsche wurden mir soweit es möglich war, erfüllt. Also gab es keinen Grund in die Ladenkasse zu greifen. Der Bewegungsradius zum

Einkaufen war für mich höchstens die Lindenstraße. Die entferntesten Geschäfte waren der Milchladen von Frau Basdorf auf dem Hof der Lindenstraße 44 und Strutzkes Papier- und Spielwaren, Haus Nummer 39. Die Gefahr, auf der Straße beraubt zu werden, bestand gar nicht. Es hätte sich jeder Erwachsene eingemischt. Man wusste die Kinder auf der Straße den Familien zuzuordnen.

Mit Material und Werkzeugen für das Friseurgeschäft war eigentlich eine gute Versorgung. Ab und zu musste ich zur Konkurrenz, zum Friseur Kühnel gehen, um die Höhe der Preise für die einzelnen Frisuren zu erkunden. Daraufhin setzte mein Pflegevater schnell mal einen Preis um 5 Pfennige herunter. Obwohl wir mit der Lage des Geschäfts am Anfang der Straße ja Glück hatten. Für die Kunden, die von den Bus- und Straßenbahnhaltestellen aus Richtung Potsdam, Berlin oder Teltow ins Dorf hineinkamen, waren wir der nächstgelegene Friseur vor Kühnel im Haus Nr. 9.

In der Lindenstraße befanden sich die meisten Stahnsdorfer Geschäfte. Textilien bei Juch, Lebensmittel bei Hamberger und Sehring. Nachdem Frau Sehring ihr Lebensmittelgeschäft, Lindenstraße 3, geschlossen hatte, öffnete dort ein Gemüseladen. Junker hatte seinen kleinen Gemüsehandel in der Scheune, Nr. 13 schon lange eingestellt. HO (Handelsorganisation)-Lebensmittel gab es in Nr. 10 und einen Lebensmittel-Konsum und Nr. 8. Einen Fleischer gabs in Nr. 17, daneben Uhren und Schmuck bei Putkunz. Die Drogerie von Fräulein Langoilette, verheiratete Vogel, befand sich in Nr. 23, dahinter Bäcker Reck, und Papier- und Spielwaren in Nr. 39 bei Strutzke.

Nach dem Mauerbau lief das Geschäft immer schlechter. Da blieb ja Kundschaft weg, weil sich deren Weg von der Arbeitsstelle nach Hause änderte und nicht mehr an unserem Geschäft vorbei führte. Die Pflegeeltern waren schon längst im Rentenalter. Arbeiteten weit darüber hinaus. Es ging ihnen eigentlich ums tägliche Leben. Früher waren sie Friseure mit gutem Einkommen, hatten keine Rentenbeiträge eingezahlt und dann dieser Rückgang. Von der kleinen Rente, wohl auch so einer Art Mindestrente für meinen Pflegevater, und den 50 Mark, die er für meine Pflegemutter mit ausgezahlt bekam, konnten sie nicht gut leben. So durfte ich wegen der schlechten wirtschaftlichen Aussichten ja auch nicht Friseur werden. Ich wollte das eigentlich unbedingt, weil mir der Umgang mit den Kunden liegen würde. Aber mein Pflegevater hat mir das ausgeredet, ich müsste mich nicht „kleinmachen" für die Kunden, immer deren Meinung annehmen und zu Munde reden. Und das für den Preis von 50 Pfennig für eine Rasur, eine Mark für einen Fassonschnitt, 1,50 der Rundschnitt. Zehn Mark kostete eine Dauerwelle mit Haarfärben.

Natürlich wurden meine Haare nicht nur geschnitten. Da ging es nicht unbedingt nach meinem Wunsch. Das war blöd. Wenn meine Pflegeeltern Zeit hatten, haben sie auch einiges ausprobiert. Ich hielt auch als Versuchskaninchen für neue Frisuren her. Heute wären manche modern, aber damals ... Auch eine Dauerwelle verpassten sie mir! Das hat mich angestunken, mit Lockenpracht herzumlaufen. Mein Pflegevater fand es gut: das Kind mit Locken. Und einer meiner Kumpels – der Sohn vom Bäckermeister, Bernd Wilke – hat mir dann auch aus Jux Haare abgeschnitten. Mit dem Satz: „Ich möchte von dir 'ne Locke hab'n".

Ich hab manchmal auch im Geschäft geholfen. Haare zusammengefegt, Lockenwickler zugereicht oder die Ondolierschere, die ja über einer Gasflamme erhitzt wurde, mit leichten, kühlenden Drehbewegungen weiter gereicht. Mit meinem Bruder hatten wir die Aufgabe, vom Tischlermeister Beyer Sägespäne zu holen, um den Kanonenofen zu beheizen. Einer von uns schüttete die Sägespäne hinein, die der andere dann mit einem Holzpfahl in der Mitte des Ofens feststampfte. Zum Schluss zog man den Holzpfahl heraus. Der Ofen beheizte beide Geschäftsräume.

Mit anderen Kindern hielten wir uns häufig auf der Treppe vor dem Geschäft auf, haben vorbeigehende Leute beobachtet, Fahrzeuge waren ja eher selten zu sehen. Damals hab ich auf der Straße noch mit dem Triesel gespielt. In den Tagen des Arbeiteraufstandes 1953 in Berlin fuhr ein Panzer genau vor unserem Geschäft gegen eine Linde. An die Aufregung erinnere ich mich noch genau.

Und auf dem Scheidemannplatz gegenüber unserem Geschäft haben wir Verstecken gespielt. Im Winter sind wir auf dem Karpfenteich Schlittschuh gelaufen. Mit den angeschnallten Schlittschuhen sind wir auch in Maternes Gaststätte gegangen, um eine Brause zu trinken.

Meine Pflegeeltern haben für meine Gesundheit alles ermöglicht, zum Beispiel Traubenzucker anstelle von Bonbons.

Meine erste Zigarette konnte ich unbemerkt kaufen. Ich bin oft ins Kino nach Lichterfelde Süd gefahren. Einmal beauftragte mich mein Pflegevater, ein Gasfeuerzeug mitzubringen. Als ich aus dem Kino kam, wollte ich das Feuerzeug kaufen, machte mir aber Gedanken, was wohl die Grenzer fragen könnten, sollten sie mich kontrollieren und das Feuerzeug entdecken. Rauchst du denn überhaupt? Also kaufte ich außer dem Feuerzeug auch eine Schachtel Zigaretten – drei Stück waren da drin – und die habe ich auf dem kurzen Weg bis zum Grenzübergang in Seehof geraucht. Mir war so schlecht. Kontrolliert wurde ich nicht.

Einschränkungen für den Umgang mit anderen Kindern gab es von zuhause aus nicht. Eine ständige Truppe waren wir nicht. Ich hatte zu vielen Kindern in der Lindenstraße zeitweise Kontakt. Je nach Art der Unternehmung.

Meine Eltern haben mir drei Jahre Klavierunterricht erteilen lassen. Meine Pflegemutter spielte sehr gut Klavier und mein Pflegevater hat Geige gespielt. Bis zu seiner Verwundung machten sie gemeinsam Hausmusik. Daher der Wunsch, dass ich Klavierspielen lernen sollte. Am Anfang kam die Klarvierlehrerin, Frau Rosin, ins Haus. Als ich dann älter war, ging ich dort hin. Aber ich war so stinkend faul. Ich hatte keine Lust, Klavierspielen zu lernen. Später ärgerte ich mich darüber. Heute könnte ich zu Beispiel bei den Übungsstunden des Männerchors spielen. Wir besaßen ein sehr gutes Klavier und ich sollte üben. Aber ich hab vom Küchenfenster aus meine Pflegemutter kommen sehen, nur dann hab ich etwas geübt und sofort wieder aufgehört, wenn sie ihren Rückweg antrat. Meine Pflegeeltern wollten lange Zeit nicht einsehen, dass ich nicht Klavier spielen kann. Doch dann verkauften sie das Klavier an die Russen. Ich war froh als das Auto vorfuhr und das Klavier aufgeladen wurde.

Um eine Lehrstelle als Werkzeugmacher zu finden, sind meine Eltern mit mir durch die Teltower Betriebe gezogen. Leider wurden nur Lehrstellen in anderen Metallberufen angeboten. Im Laden – was ja derzeit nicht ganz ungefährlich war – hat sich mein Pflegevater dann darüber geäußert, dass sein Sohn nicht Werkzeugmacher lernen kann. Da mischte sich ein Kunde ins Gespräch und es war uns nicht ganz klar, welche Folgen das Gespräch haben würde. Zum Glück reichten dessen Beziehungen so weit, dass ich "meine„ Lehrstelle im *VEB Zähler- und Apparatebau Teltow* bekam.

Friseur Schäfer hat bei uns als Geselle gearbeitet bevor er sich mit seiner Frau als Friseurmeisterin im Haus Nummer 47 selbstständig gemacht hat. Also gab es zu der Zeit drei Friseure in unserer Straße. Gegen Ende seines Berufslebens war mein Pflegevater oft schlecht gelaunt und hat viele Kunden vergrault.

Die Geschäftsräume waren gemietet und es fand sich ein Nachfolger, der die gesamte Inneneinrichtung kaufte. Das wiederum war mein Glück, ich durfte mir von dem Geld ein Motorrad (*Java*) kaufen. Ich hatte meine Führerscheinprüfung schon mit 17 Jahren bei der GST (Gesellschaft für Sport und Technik) abgelegt.

Als ich heiraten wollte, fand meine Mutter meine Geburtsurkunde nicht. Danach entwickelte sich ein Briefwechsel zwischen Ost und West, weil ich in Berlin-Zehlendorf geboren worden war. Ich bekam ein Duplikat zugeschickt. Auf diesem stand nicht Sprenger als Geburtsname sondern Sprzingyl. Ich bemängelte den falschen Namen, bekam dann aber die Antwort, dass alles überprüft und für richtig befunden wurde. Das sei der polnische Familienname, der zu Hitlers Zeiten eingedeutscht worden war. Nachdem meine Mutter verstorben war, fand ich ein Papier, in dem ich las: Karl Sprzingyl genannt Sprenger. Meine Geschwister haben diesen alten Namen wieder angenommen.

Eines Tages haben sie einen Nachfolger für die Konsum-Kneipe, Nr. 17 gesucht. Da wollte mein Schwiegervater, dass ich das übernehme. Meine Frau ist Köchin, das hätte gepasst …

Ich erinnerte mich an die Kinderweihnachtsfeiern, die wir im hinteren Raum der Kneipe von Hugo Meden gefeiert haben. Mit Gedicht aufsagen vor allen Leuten auf einem Stuhl stehend … Die Feier war vom Gemischten Chor, in dem meine Mutter mitgesungen hat. – Doch dann hab ich mir das mit dem Kneiperleben überlegt. Warum soll meine Tochter in der Kneipe aufwachsen und ich mich von morgens bis abends nur in der Kneipe aufhalten. Daraus resultierte dann meine Ablehnung.

Später zogen meine Frau und ich mit zu meinen Pflegeeltern in die Mühlenstraße und so war für alle das Wirtschaften leichter, weil die Kosten geteilt werden konnten.

Jutta Ludwig, geb. Materne, Jahrgang 1944

Heinz Materne, 1912 -1993
Gaststätte/Hotel Materne, Hauptstraße 46

Meine Oma Elise und mein Opa Ernst Materne kamen 1925 aus Berlin-Schöneberg „ins Jrüne" nach Stahnsdorf. Wie es Mode war „Hier können Familien Kaffee kochen" hieß es auch in ihrer Gaststätte „Zur Post". 1935 wurde der Saal angebaut. Während des Krieges war der Saal zum Lazarett umgestaltet. Im Nachlass fand ich noch viele Feldpostkarten, auf denen die Soldaten dann wieder „aus dem Feld" unsere Familie grüßten.

Einige der verwundeten Soldaten waren es auch, die 1943 nach der Bombardierung von Grothes Gastbetrieb – bei der auch unser Gasthaus in Mitleidenschaft gezogen wurde – die Giebelwand unseres Hotels zur Lindenstraße hin gemeinsam mit all unseren Familienangehörigen wieder aufbauten.

1944 ist mein Opa Ernst Materne verstorben und so bewirtschafteten meine Oma und meine Mutter Dorothea (Dora) das Hotel mit dem angrenzenden Saal. Im Saal gab es auch eine Bühne und vom Saal aus konnte man in den großen Garten gehen. Dort unter den Kastanienbäumen sang zu Pfingsten der Stahnsdorfer Männerchor und es spielte eine Kapelle zum Frühkonzert auf. Die kleine Tanzfläche wurde gut genutzt. Dieser Frühschoppen war bei den Stahnsdorfer Gästen sehr beliebt.

Im Hotel Materne, Zimmer 1 – dem Schlafzimmer unserer Familie – Mutter, Vater und mein Bruder Heinz (Jahrgang 1937) – bin ich am 1.09.1944 geboren. An der Stirnseite unseres Schlafzimmers stand mein Kinderbett. Auf dieser Etage rechts war ein großes Wohnzimmer für uns alle eingerichtet, daneben hatte meine Oma noch ein Wohnzimmer mit schweren alten Möbeln, ein

Schlafzimmer und das Bad. Auf der gleichen Etage befanden sich auch Fremdenzimmer, genau wie in der zweiten Etage des Hauses. Unser Familienleben spielte sich größtenteils in der Gaststätte ab.

Hotel und Gaststätte mit Tanzsaal   Besitzer Heinz Materne

Mein Vater ist 1949 zu Weihnachten aus russischer Kriegsgefangenschaft gekommen. Wir hatten in der Gaststätte einen großen Weihnachtsbaum aufgestellt. Meine Familie: meine Mutter Dorothea, Ihre Eltern Helene und Otto Peters, meine Oma Elise und einige der Angestellten wollten gemeinsam feiern. Da klopfte es an die Tür. Ich hoffte auf den Weihnachtsmann und öffnete gespannt die Tür. Doch da stand ein Soldat. Da hab ich mich zurück gezogen. Bis er dann in die Küche kam und alle begrüßte – da wurde er mir als mein Vater vorgestellt. Mit einer Gelbsucht kehrte er nach Hause. Ich nehme an, die Erwachsenen wussten von seiner Entlassung aus der Kriegsgefangenschaft. Er war als Sani-Fahrer im Kessel von Stalingrad. Meine Oma Elise bewirtete ja die Offiziere, die im Lazarett – also in unserem Saal – ihren Dienst taten. Es ist anzunehmen, dass diese Verbindung hilfreich war.

Von den Angestellten sind mir Waltraud, die für die Feinarbeiten zuständig war, wie z. B. Bettwäsche ausbessern, aber besonders Maria in Erinnerung. Sie war so fleißig in Haus und Garten, betreute im Hofgebäude auch die Tiere. In den Stallungen hielten wir Schweine, Kaninchen, Hühner und eine Ziege, die ich auf die Weide ausführen musste. Dabei musste ich Butterblumenstauden, also Löwenzahn stechen. In einem Raum lagerten die Sägespäne, die als Brennmaterial und feucht auch zum Reinigen des Parkettbodens im Saal gebraucht wurden. Eine Waschküche befand sich auch in dem Gebäude. An der Ruhlsdorfer Straße hatten wir auch noch ein Stück Garten hinter der verfallenen Kegelbahn.

Meine Mutter, mein Vater und meine Oma wollten mir eine Freude bereiten, schenkten mir als Sechsjährige einen jungen echten Schäferhund. Leider musste ich den schon bald allein lassen, weil ich mit meinem Vater und meinem Bruder für ein paar Tage an die Ostsee nach Heringsdorf fuhr. Inzwischen wurde nach einer Tanzveranstaltung der Hund gestohlen. Die Familie wusste, dass ich so an dem Hund hing. Er war noch sehr klein und hatte stehende Ohren und den herunterhängenden Schwanz, also die Kennzeichen seiner Reinrassigkeit. Überall in Stahnsdorf hängten sie Zettel auf mit der Suchmeldung über diesen verschwundenen Hund. Dann hat sich ein Hund gefunden, der meinem sehr ähnlich sah. Allerdings hatte der einen Ringelschwanz und andere Ohren. Ich habe das nach meiner Rückkehr sofort durchschaut, aber die Erwachsenen bekannten sich nicht zur Wahrheit. Jedenfalls wurde Rolli, der Hund, mein liebster Spielgefährte. Seine Geduld und meine Phantasie waren gut gepaart. Puppen mochte ich nicht, aber Rolli in Puppenkleidern und dann im Puppenwagen, das machte mir Spaß. Den Hund kannte man in Stahnsdorf – 14 Jahre lang begleitete er mich, auch beim Radfahren und beim Angeln am Teltowkanal.

Mit dem Sohn seiner Vorbesitzer war ich dann befreundet, wir bauten Untergrundbuden auf deren Grundstück an der Bäkepromenade vor der Schleuse und Rolli schnupperte indessen „Familienluft".

Für nette Gäste tanzte ich als etwa Sechsjährige in meinem schönen, mit Kirschen bestickten Kleid, Tschia Tschia Tschia Tscho. Eigentlich ein Spottlied, als Schieber zu tanzen, bei dem die Frau ihren Rock vorn und hinten fasste und in gleicher Richtung wippte. Ich war klein und sollte deshalb auf dem Tisch tanzen. Als Zugabe tanzte ich noch einen Kosakentanz. Das „Trinkgeld" wandelte ich dann gleich in Bonbons um – bei Frau Sehring im Lebensmittelgeschäft, Lindenstraße 3.

Mit Marianne Fahlberg (Bäckerstochter) hab ich oft in Grothes Park gespielt, im Bäketal. Bei Regenwetter war unser Saal der schönste Spielplatz, ob zum Puppenwagen-Rennen oder Fußballspielen.

Na und im Winter war immer gegenüber der Karpfenteich zugefroren. Da sind wir oft Schlittschuhlaufen gewesen. Und dann die Schlittenfahrten vom Sandeberg ... bis in die Dunkelheit. Ich hab mich zwischendurch immer mal zu Hause gemeldet. Weggelaufen bin ich nie.

Meine Mutter ist 1952 im Mai an Tuberkulose verstorben. Da bin ich gleich nach Beelitz-Heilstätten verschickt worden, weil ich auch Schatten auf der Lunge hatte. Meine Oma hat mich großgezogen. Sie hat sehr auf meine gute Ernährung geachtet. Ich sollte groß und stark werden. Viele Eier musste ich essen. Und wenn ich gerade mit der Ziege vom Grasen zurück war, wurde sie gemolken und ich musste die lauwarme Milch trinken. Mich zu wehren, hatte keinen Zweck.

Mit meinem Bruder Heinz hab ich mich oft gezankt, weil ich ihm Spielsachen streitig machte und meist von den Erwachsenen Recht bekam. Also waren wir beide zufrieden, wenn der jeweils andere sich woanders aufhielt. Bei so einer Streiterei hat er mich einmal geschubst und ich trage heute noch eine Narbe als Andenken.

Einmal warteten wir in Vaters Auto auf seine Rückkehr aus der Gärtnerei Josef Schöwel. Er hatte den Zündschlüssel abgezogen und mein damals 15jähriger Bruder fragte mich vom Beifahrersitz aus, ob wir dem Vater nicht eine Freude machen und das Auto wenden sollten. Au ja! Also mit einem Schraubenzieher kurzgeschlossen und bis hinter die Kleinmachnower Dorfkirche gefahren, um dort zu wenden. Das Lenken erwies sich aber doch schwieriger als gedacht. Die Straße verläuft dort im spitzen Winkel. So blieb dem Unerfahrenen nur die Wahl: Straßenbaum oder die Wiese am *Machnower See,* für die wir uns dann entschieden. Wir hatten geplant, beim Abwärtsfahren herausspringen. Doch durch den Bordstein verlangsamte das Auto und der Motor „verheddterte" sich. Wir gingen dann zu Fuß zurück und berichteten dem verwunderten Vater, wo sein Auto stand. Uns war nichts passiert, das Auto musste abgeschleppt und in Fritz Breitenwischers Werkstatt repariert werden.

An meines Bruders „Welt" in der Rock-'n'-Roll-Zeit kann ich mich noch erinnern. An die Musik und an seine Ringelsocken. Nach seiner Koch-Lehre im Kempinski am Ku'damm ist er von Zuhause weggegangen, um erst einmal in großen Berliner Hotel-Restaurants zu arbeiten.

Einkaufen, so Lebensmittel, brauchte ich ja nicht. Nur Schreibhefte bei Strutzke. Und auf dem Rückweg in der HO (Handelsorganisation), Lindenstraße, neben Juch, kaufte ich mir mal eine Schachtel „Henri" Milchbonbon. Zurück in der Gaststätte musste ich dann bei meiner Oma abrechnen. Sie prüfte und stellte fest, dass Geld fehlte, so dass ich zugeben musste, Süßes gekauft zu haben. Sie machte mir streng klar, dass ich das gefälligst gleich sagen und nicht abwarten solle, ob sie es bemerken würde. Ich solle ihr alle meine Wünsche sagen, dann wird sie über den Kauf entscheiden. Sie hat mir eigentlich nichts verweigert. Ich brauchte auch nur essen, was mir schmeckte. Aber ich durfte ihr gegenüber keine Heimlichkeiten haben oder gar schwindeln.

Mein Vater und ich gingen zum Friseur Kühnel, erinnere mich noch an den alten Besitzer. Und bei Juch haben wir Kleidung gekauft. Mein Vater war auch mit einigen Geschäftsleuten aus der Lindenstraße befreundet ... Familie Hans-Joachim Warsinski, der Achim war sein bester Freund.

Am 31.12.1951 kam es für unser Hotel – wie für viele Privatbesitzer in dieser Zeit – zur Zwangsenteignung. Meine Oma, mein Vater und alle Angestellten bereiteten die alljährliche große Silvesterfeier vor. Die Eintrittskarten für die Veranstaltung im Saal waren alle verkauft.

Der Saal um 1950

Gegen 17 Uhr betrat ein Mann von kleiner Statur in Begleitung von zwei oder drei anderen Männern vom Rat des Kreises Potsdam die Gaststätte. Er kam bis zur Küchentür. Oma war gerade mit einem Beil am Fleischklotz beschäftigt. Sie hörte: „Sie sind enteignet und müssen binnen 24 Stunden das gesamte Haus verlassen. Es wird versiegelt." Meine Oma schrie wie verrückt. „Treten Sie über die Türschwelle, spalte ich ihnen das Gehirn." Ich erlebte diese Szene von meinem Stammplatz aus. Auf dem Herd saß ich nämlich wie immer auf meiner kleinen Fußbank, um den Erwachsenen nicht im Wege zu sein. Ich war sehr erschrocken, verstand aber als Siebenjährige die Bedeutung der Situation nicht. Ich kannte das Temperament meiner Oma. Sie war ihr Leben lang eine Kämpfernatur. Der kleine Staatsbeamte zeigte uns eine S-Bahn-Fahrkarte mit dem Bemerken: „Ihr Kapitalisten-Schweine gehört da hin ...", womit West-Berlin gemeint war. Diese Enteignung gehörte zur staatlich beschlossenen Aktion „Rose". Wir konnten froh sein, nicht auf einem Lkw abtransportiert worden zu sein in einen entlegenen Wohnort oder gar in ein Gefängnis oder in ein Zuchthaus, so wie es anderenorts der Fall war. Mein Vater war sich keiner Schuld bewusst und wollte nicht in den Westen gehen sondern den Fall geklärt haben. Die Schuldfrage ist bis heute ungeklärt.

Die Silvesterfeier musste also sofort abgesagt werden, obwohl hunderte Gäste von allen Seiten in Feierlaune und mit ihren Eintrittskarten in der Tasche auf unseren Saal zu strömten. Sie mussten alle nach Hause geschickt werden. Ich rannte um das Gebäude und versuchte mich immer wieder verständlich zu machen „Keine Silvesterfeier. Wir haben geschlossen. Wir sind enteignet worden. Wir müssen bis morgen hier raus."

Wir zogen dann am nächsten Tag zu sechst in ein Zimmer zu meinen Großeltern mütterlicherseits, die das zweite Zimmer der Wohnung in der Ruhlsdorfer Straße 13 zur Verfügung stellten. Wir schliefen auf Matratzen und hofften, bald eine Wohnung zu bekommen. Den von der Gemeinde zugewiesenen Wohnraum in der verfallenen Baracke in der Poststraße 1 lehnten wir ab. Die Gemeinde tat sich sehr schwer, uns benutzbaren Wohnraum zuzuweisen. Meine Oma wählte Maria aus, um mit uns dann in ein Haus in der Alten Potsdamer Landstraße 55 zu ziehen. Durch den Wegzug eines Zahnarztes war das Haus frei geworden.

Nach der Enteignung gab es viel Leid für die Familie. Meinem Vater haben sie die Konzession entzogen. Er durfte nicht wieder im Gastgewerbe arbeiten. Mein Bruder Heinz sollte ja eigentlich die Gaststätte übernehmen, stattdessen musste er als Koch Saisonarbeit an der Ostsee oder im Gebirge annehmen. Unsere Familie war ruiniert. Meine Mutter verstorben, mein Vater musste sehen, wo er arbeiten konnte. So war meine Oma meine Bezugsperson. Für mich schien das Thema Zukunft des Objektes erledigt.

In der nach der Enteignung umgebauten Gaststätte und im Hotel arbeitete dann kurzzeitig der Personenkraftverkehr, was wohl damit zusammenhing, dass der Straßenbahnverkehr vom Busverkehr übernommen werden musste. Dafür wurde das Haus umgebaut. Der Saal blieb verwaist. Ob es sich nur um Alibi-Mieter handelte ... Jedenfalls übernahm anschließend die HO das Objekt. Mein Vater hat sich beworben, wollte solange wenigstens hinter der Theke arbeiten bis unser Fall der Enteignung geklärt worden wäre, bekam aber keine Konzession mehr.

Jedenfalls hatte ein Berufskollege meinem Vater zum Glück in Golm in der Gaststätte „Onkel Emil" mit Saalbetrieb für Tanzveranstaltungen Arbeit gegeben. Sein Steuerberater hat ihm 1956 eine Partnerin vermittelt, die eine Gaststätte mit Pension an der Talsperre in Kriebstein besaß. Viele Stahnsdorfer Geschäftsleute und Bekannte fuhren in den fünfziger Jahren dorthin in Urlaub. Und ich war natürlich in den Ferien dort. Ich musste in der durch Urlauber gut besuchten Gaststätte mitarbeiten – ohne Bezahlung. Geschirr und Gläser von den Tischen abräumen, abwaschen – das war ziemlich harte Arbeit. Aber mein Vater kaufte mir ein Faltboot. Mit einer Flasche Brause, einem Schmöker und meinem

Kofferradio war ich bis zum Arbeitsbeginn etwa um 11 Uhr glücklich auf dem Wasser an der Talsperre Kriebstein unterwegs. Nach der Arbeit zog es mich sofort wieder aufs Wasser in mein Boot „Jutta".

Während des Schuljahres hielt ich mich oft in Kreuzberg bei der Schwester meiner Oma, bei Amanda, auf. Sie führte dort mit ihrem Mann Willi Zimmer einen kleinen Lebensmittelladen. Eigentlich hatte sie schon alles für unseren ständigen Aufenthalt dort vorbereitet. Aber wir blieben in Stahnsdorf. Nach Schulschluss hatte meine Oma das Essen fertig, also Schulmappe in die Ecke, Mittag gegessen und gemeinsam ab zum S-Bahnhof Stahnsdorf. Bis zur Station Dreilinden fuhr sie mit, weil ich ja noch keinen Ausweis hatte. Nach der Grenzkontrolle fuhr Oma zurück und ich allein nach Kreuzberg, wo ich immer mit Libby's Milch und gedecktem Tisch empfangen wurde. Dann bekam ich die Gebühr von 50 Pfennig, um mir für eine Stunde ein Fahrrad in einer Farbe meiner Wahl ausleihen und in den Viktoriapark losdüsen zu können.

Als Jugendliche hab ich mich immer rechtzeitig nach Eintrittskarten zur Faschingsveranstaltung im nun umbenannten Stahnsdorfer Hof angestellt. Ansonsten hab ich unserem Objekt Materne keine Beachtung mehr geschenkt.

Mein Vater hat mich und meinen Sohn Volker als Erben des Stahnsdorfer Hofes eingesetzt. Als die Wende kam, habe ich meinem Vater versprochen, unser Eigentum zurück zu holen. Mein Vater hat mir viel Ärger wegen der Formalitäten prophezeit. Aber ich habe unser Recht auf Rückübertragung von der Treuhand wegen Vertreibung aus unserer Wohnung erkämpft. Am 1. März 1993 erhielten wir die ersehnte Nachricht. Ich habe um 13 Uhr gleich meinen Vater in Mittweida angerufen und ihm mitgeteilt, dass ich ihn abholen werde, damit er die Tür zu „seinem" Haus wieder aufschließen kann. Seine freudige Aufregung war aber zu groß. Abends erhielten wir telefonisch die Nachricht, dass er um 17 Uhr verstorben sei.

Fünf Jahre dauerten die gerichtlichen Prozesse bis zur endgültigen Rückübertragung. Die Zeit nutzten Vandalen, um Gasthof, Saal und Fremdenzimmer zu verwüsten. 1993 haben wir das Objekt von der Treuhand zurück erworben. Es mussten die Altlasten des vormals vom Staat eingesetzten Eigentümers HO-Gaststätten beseitigt werden. Geld zum Beräumen des Objekts war nicht da. Also mussten wir als jetzige Eigentümer die Kosten für den Abtransport zahlreicher Container tragen. Am 29. Dezember 1995 bei -25°C waren wir fertig, und dann hat man uns den Saal in Brand gesteckt. Andere Interessenten hofften vergeblich, dass wir nun unserseits aufgeben würden.

Wir hatten Elan und wollten das ganze Objekt für die Wiedereröffnung vorbereiten. Verhandlungen mit der Gemeindeverwaltung und hohe Auflagen für die künftige Nutzung erschwerten jedwedes Vorhaben. Mitte Dezember 1995 hatten wir einen Mietinteressenten, zwei Wochen später brannte der leergeräumte Saal aus. Brandstifter bis heute unbekannt. Also haben wir hoffnungsvollen Eigentümer mit erheblichen Finanzen wenigstens die Gaststätte für einen gastronomischen Betrieb hergerichtet und vermietet. Wir sind stolz, mit unseren Erhaltungsmaßnahmen des Stahnsdorfer Hofs zum ansprechenden Ortsbild beizutragen.

Marianne Rasch, Jahrgang 1945

Elfriede Fahlberg, 1919 – 1999
Fritz Fahlberg, 1912 - 1964,
Bäckerei Fahlberg, Hauptstraße 44

Meine Großeltern mütterlicherseits, Julius und Mathilde Ziegenhagen hatten die Bäckerei in der Hauptstraße Nr. 44 im Jahre 1913 gekauft. Meine Eltern wohnten nach dem Tod der Großeltern darin, so bin ich dort geboren. Als es wegen einer neuen Kartierung dieses Stück Hauptstraße nicht mehr gab, wurde das Grundstück zur Ernst-Thälmann-Straße, der früheren und heutigen Lindenstraße, gezählt. Schon während des Dritten Reichs sollte diese „Insel", auf der unser Haus stand, dem Straßenbau zum Opfer fallen. Also kaufte mein Großvater seinen beiden Söhnen, Hans und Karl, ersatzweise das Grundstück Lindenstraße 1 und auch ein Grundstück in der Potsdamer Straße (auf dem sich heute mein Blumengeschäft befindet), damit sie sich eine Existenz aufbauen könnten. Beide Söhne sind gefallen.

Großeltern Julius und Mathilde Ziegenhagen

Meine Mutter hatte als jüngeres Schulkind mit einem kleinen Rad die Kunden in der Lindenstraße herauf und herunter mit Brötchen zu beliefern. Später fuhr sie mit dem Pferdewagen nach Berlin-Zehlendorf zur Argentinischen Alle und hängte die Tüten mit Schrippen an die Hauseingänge. Als jüngstes Kind hatte meine Mutter, Elfriede Ziegenhagen, die Bäckerei nach dem Tod meiner Großmutter weitergeführt. Während der letzten Kriegsjahre schloss sie die Bäckerei, weil sie die Arbeit nicht allein führen konnte, nur die Filiale in der Boschsiedlung war noch geöffnet. Gebacken hat für uns Bäcker Nöckel (Güterfelder Damm). 1943 heiratete meine Mutter den Bahnangestellten und gelernten Tischler Fritz Fahlberg, der gleich nach der Hochzeit zum Militärdienst eingezogen wurde. 1945, Ende März, sind Bomben auf das gegenüberliegende Gelände der Vergnügungs-Tanzgaststätte Grothe (Bruder des Komponisten Franz Grothe) gefallen. Die Bomben zerstörten nicht nur dieses Objekt, auch unser Haus, während wir im Keller Schutz gesucht hatten. Wir haben überlebt, nur Glassplitter hatten meinen zwei Monate alten Kopf verwundet.

Jedenfalls konnte nun nicht mehr gebacken werden. Die letzten Reserven wurden zum Endsieg benötigt. Das Pferd und das Auto waren konfisziert worden. Blieb nur noch das Fahrrad. Kurz vor Kriegsende mussten die Einwohner aus dem „Dorf" um die Lindenstraße herum Stahnsdorf verlassen. Eine Abteilung des Wehrwolfs hatte sich nahe der Blumensiedlung und im alten Bahnschacht zusammengezogen und sollte bekämpft werden. Meine Mutter ist mit mir im Kinderwagen gemeinsam mit der ganzen Verwandtschaft (mein Vater war zu der Zeit noch Soldat in Italien) aus Stahnsdorf nach Philippsthal gelaufen. Dort wurden wir bei Bauern einquartiert. Andere Stahnsdorfer, zum Beispiel Maternes, gingen auch dorthin.

Nach dem Ende des Krieges musste unser Backofen erst wieder aufgebaut werden. Brot und Schrippen lieferte uns also weiterhin Bäcker Nöckel und wir verkauften die Ware gegen Lebensmittelmarken. Eine Frau Wöller saß bei uns und klebte für die Abrechnung die Marken auf große Bogen, die dann zur Abrechnung vorgelegt werden mussten. Oft war Stromsperre und sie arbeitete bei Kerzenlicht oder wir hatten „Gasstrümpfe" aus Westberlin geholt und nutzten damit die Gasleuchte. Ich fand Stromsperre sehr gemütlich, sie verbreitete eine Art Weihnachtsstimmung.

Im Winter 1946 standen die Frauen mit ihren Kindern hungrig vor dem Laden und verbrauchten gleich ihre monatliche Zuteilung an Lebensmittelmarken ohne an die lange Zeit bis zur nächsten Markenausgabe zu denken.

Ich hab gern im Laden auf der Bank gesessen und mir angehört, was die älteren Leute so erzählten. Manchmal haben sie auch mit mir erzählt. Ich hatte einen großen Zeichenblock und malte Küken und Hühner.

Für mich wurde „plötzlich" 1948 mein Bruder geboren, was ich als sehr belastend empfand. Keiner hat mehr nach mir geguckt, alle haben den kleinen, dicken Rainer bewundert. Niemand wollte mehr meine gezeichneten Kunstwerke sehen ...

Mein Vater war einer vom Typ Alleinunterhalter. In den Gaststätten bei Materne und Meden war er ein gern gesehener Gast und suchte, wenn es irgendwie ging, fröhlich seine „Auftritte". Die Kehrseite war dann sein launisches Verhalten in der Familie. Ich schreibe das alles seinen Kriegserlebnissen zu. Die Männer kehrten ohne Ansehen in die Heimat zurück, mussten sich dagegen wehren, eventuell als Kriegsverbrecher benannt zu werden. Es hat ihnen kein Psychiater geholfen, oft durften sie gar nicht über ihre Erlebnisse sprechen. Und meine Mutter hatte Angst, dass er sich im Alkoholrausch gegen das politische System äußerte und vielleicht eingesperrt wurde.

Einmal hat er sich wirklich mit Russen angelegt, die dann plötzlich in unserem Hof standen. Zum Glück einigten sie sich, und dann gab es Wodka und alle tanzten in der Backstube Kasatschok.

Mein Tag begann kurz nach sieben. Ich wurde geweckt, manchmal kam wirklich ein nasser Lappen geflogen. Ich sollte ich mich für die Schule fertig machen. Das hat bei mir lange gedauert, und meistens bin ich trotz des kurzen Schulweges zu spät gekommen. Bis zu meinem achten Lebensjahr lebte ich zuhause wie auf einer Baustelle. Das Haus wurde umgebaut, meine Eltern kauften einen neuen Backofen auf Kredit und mein Vater legte seine Bäckergesellen- und - meisterprüfung ab.

Hunger hab ich natürlich nie gelitten und selbst süße Sachen gab es zur Genüge. Bei uns wohnten auch Flüchtlinge, Verwandte meiner Großeltern. Ein altes Ehepaar aus Schlesien–Tante Meta und Onkel Gustav. Sie haben uns Kinder betreut. Meine Mutter öffnete um sechs Uhr den Laden, denn die Bauern kamen auf ihrem Rückweg von der Milchlieferung an die Sammelstelle bei Frau Basdorf am Ende der Lindenstraße, um Schrippen zu kaufen. Tante Meta hat sauber gemacht und für alle gekocht – also für meine Eltern, die drei Gesellen, die bei uns wohnten und für uns Kinder. Die Gesellen wurden zu allen drei Tagesmahlzeiten beköstigt, auch ihre Wäsche gewaschen. Nach dem Tod von Onkel und Tante hatten wir fünf Gesellen. Ich musste ihnen abends das Abendbrot nach oben bringen, eine riesengroße Kanne Tee. Im Abstand von vier Wochen beschäftigten wir auch eine Waschfrau.

Nachts um zwei begann die Arbeit in der Backstube. Wenn in der Backstube ein Engpass war, weil zum Beispiel ein Geselle krank war, musste ich als größeres Kind dort mitarbeiten – vor Unterrichtsbeginn Gebäck oder Pfannkuchen glasieren. Wenn wir nachmittags noch zu viele Schrippen im Hauptgeschäft hatten, musste ich mit zwei Netzen voll Schrippen am Fahrradlenker in die Filiale in der Boschsiedlung fahren. Dort im Ahornweg befanden sich außer unserer Filiale Geschäfte für Blumen, Milch, Kolonialwaren und Gemüse sowie eine Schuhmacherwerkstatt.

Die tägliche Lieferung mit Schrippen und Brot übernahm sonst mein Vater. Er genoss es, wenn die Frauen in Kittelschürze, mit Haarnetz und auf Pantoffeln vor der Filiale auf ihn mit dem dreirädrigen Auto „Tempo" (genannt Dreikantfeile) anstanden und er sie während der Wartezeit beim Ausladen mit Witzen und Späßen unterhielt.

Elfriede Fahlberg bietet im Vorgarten Eis an

Einmal haben die „Grenzer" meine Mutter erwischt, vielleicht vor Weihnachten 1951, als sie mit ihrem voll beladenen Fahrrad aus Berlin zurück über die „grüne Grenze" kam. Sie hatte Hefe und Vanillezucker geholt, alles was es hier nicht gab, um Schnecken und Kuchen backen zu können. Es wurde ihr alles weggenommen und sie wurde eine Nacht in Kleinmachnow festgehalten. Der Zwischenfall wurde protokolliert. Es sollte zu einer Gerichtsverhandlung kommen. Aber weil der Präsident der jungen Republik, Wilhelm Pieck, Geburtstag hatte, kam es zu einer Amnestie, so dass die Verhandlung nicht stattfand.

Am 17. Juni 1953 rollten den ganzen Tag und die folgende Nacht Panzer auf der Lindenstraße in Richtung Berlin. Mit den Bäckergesellen stand ich neugierig am Zaun und wir wunderten uns über die große Anzahl der Panzer. Herta Beyer, die Frau des Tischlermeisters, hat mich umarmt und bitter geweint. „Oh Gott, meine Jungens (sie hatte vier) – jetzt gibt es wieder Krieg." Als achtjähriges Kind hatte ich für ihren Ausbruch kein Verständnis, wusste nichts von der Bedeutung eines Krieges, obwohl ich ja noch während des Krieges geboren worden war.

Als der Laden sich noch auf der Hausseite zur Hauptstraße befand, hat meine Mutter durch die ständige Hitze von der angrenzenden Backstube einen Halskatarrh bekommen, bei dem ihre Stimme wegblieb. Sie müsse diesen Arbeitsplatz aufgeben, lautete der Rat des Arztes. Außerdem wurde uns die Filiale in der Boschsiedlung von einem Tag auf den anderen gekündigt, weil der Ausbau einer ersten sozialistischen Ladenstraße nun keine Privatunternehmen mehr duldete. Das waren zwei Gründe, an unserem Haus anzubauen: einen neuen Laden und vielleicht noch ein Café. Das war 1958. Durch die Bauarbeiten hatte ich manchmal nicht mal einen Tisch, um meine Hausaufgaben zu erledigen. Außerdem war es für mich wichtiger, meine Kleidung für den nächsten Schultag zu waschen und zurecht zu legen. Denn niemand hatte sonst Zeit dafür.

Ich erinnere mich an eine wunderbare Kindheit, konnte spielen, was ich wollte. Ein spannender Spielplatz war der Schlosspark hinter Grothes ehemaligem Restaurant. Sobald ich die Hauptstraße mit den Straßenbahnschienen überquert hatte, befand ich mich mit den Nachbarskindern im Paradies – mit der Bäke, dem Mühlrad, mit Wiese und altem Baumbestand, dem maroden Pferdestall, der Schlossruine. Auf der noch erhaltenen Auffahrt spielten wir hohe Herrschaften. Manchmal mussten wir auch Gänse hüten. Zum Mittagessen hat Mutter so laut gerufen, dass ich das bis zum Schlosspark der Haakes hörte.

Bei Jutta Materne haben wir bei schlechtem Wetter gespielt, haben im Saal Fußball gespielt, haben auf der Bühne unserer Fantasie freien Lauf gelassen. Mit dem Roller sind wir die Lindenstraße hochgefahren bis zu Strutzke. Und nach Regenschauern wateten alle Kinder barfuß am Rinnstein von dort aus die Lindenstraße herunter, wo das Wasser aus den Nebenstraßen zusammenlief. Und dort, wo das Wasser den Ruhlsdorfer Weg herunterfloss, bildeten sich herrlich große Pfützen.

Auf dem Nachbargrundstück bei Schmiedemeister Krause hab ich mit dem Sohn Wolfgang oft beim Beschlagen der Pferde zugesehen und bei der Reparatur der für uns riesigen Wagenräder.

Bei uns auf dem Hausboden haben wir Zirkusvorstellungen geprobt, um sie den Eltern in der Mittagspause vorzuführen, haben herumgetobt, waren laut, haben Kirschkerne aus dem Fenster auf die Ladentreppe gespuckt, wurden auch von Kunden erwischt. Mein Vater war größtenteils verständnisvoll. Nur dann nicht, als ich mit den neuen roten Lederstiefeln – tags zuvor teuer in West-Berlin bei *Wittstock* gekauft – das Eis auf der Bäke testete, einbrach und ein Stiefel im Schlamm stecken blieb ... Meine Mutter wurde von einer Spielkameradin aus dem Laden geholt und um Hilfe für meinen Heimweg mit einem Fahrrad gebeten ... da habe ich richtig Senge vom Vater bekommen. Mit dem Stiel des Teppichklopfers, so dass ich am nächsten Tag für den Sportunterricht die Oberschenkel mit Pflaster beklebte, damit man die blauen Stellen nicht sah.

Zum Erntedank wurden Umzüge mit bunt geschmückten Pferdewagen von den Bauern zusammengestellt. Die Hufe der Pferde wurden mit Schuhkrem poliert. Man musste rechtzeitig nach einem Platz auf dem Wagen fragen. Auf dem ersten Wagen spielte eine kleine Musikkapelle.

Unsere Verkäuferin, Frau Mann, wohnte in der Lindenstraße 3 und ich spielte auch dort mit ihren Kindern. Der Sohn wollte Busfahrer werden und baute im Sand Straßen und Depots. Unter den Kindern sprach sich herum, dass er Kremschachteln dafür einsetzte. Na, das schien mir ja interessant. Ich kannte doch Krem in allen möglichen Farben auf Torten, aber in einer Schachtel?! Neugierig auf einen anderen Geschmack „untersuchte" ich den Fall. Aber leider handelte es sich bei seinem Spiel um Nivea-Creme-Schachteln, gekennzeichnet mit Zahlen für die Buslinien.

Wir hatten Ziegen, Schweine, Gänse und Hühner, mussten ja auch die Gesellen beköstigen. Kurzzeitig hat mir das Essen von Selbstgeschlachtetem geschmeckt, aber dann wollte ich lieber Fleischwaren aus dem Laden essen, wollte auch mal Bierwurst essen. Aber das war schwierig, weil wir wegen der eigenen Viehhaltung und Schlachtung weniger Lebensmittelmarken für Fleisch bekamen.

Die Bauersfrau Liefeldt verkaufte in der Krughofstraße Freie Spitzen Fleisch. Meine Mutter hat da auch gekauft. War zwar teurer, aber man brauchte keine Lebensmittelmarken.

Gänserupfen. Daunen von Federn sortieren. Dazu wurden die Möbel im Wohnzimmer mit Betttüchern zugehangen und die Frauen, die diese Arbeit verrichteten, banden sich Windeln um den Kopf. Ich saß unbeachtet unter dem Tisch und lauschte den Gesprächen. Da sprachen sie zum Beispiel über einen alten Bock, der den jungen Frauen immer unter die Röcke ging und der wütend wurde, wenn sie nicht freundlich zu ihm waren. Das gab mir zu denken: wie macht denn unser alter Zickenbock das, der ist doch angepflockt. Von den hin- und herfliegenden Bemerkungen hab ich vieles nicht verstanden.

In der Bäke-Mühle wurde einmal eingebrochen und Mehl geklaut und Körner. Dann war dort eine Befragung durch die Polizei. Als etwa siebenjährige Freundin der Müllerstochter Rosemarie fand ich die Situation hoch interessant. Ich bemerkte laut: wir haben neulich auch einen Sack Körner bekommen, den wir gar nicht bestellt hatten. Ich wusste ja nicht, dass Handwerker und Gewerbetreibende nach dem Prinzip „eine Hand wäscht die andere" lebten. Der Müller Josef Rogall sah mich eindringlich an und rief umgehend meinen Vater an, um vor einer eventuellen Kontrolle zu warnen. Mein Vater schaffte unbemerkt den Sack zur Familie auf der anderen Straßenseite. Zum Glück gab es kein Nachspiel. Für solche Vorkommnisse hing an verschiedenen Kleiderhaken eine Jacke mit etwas Kleingeld in der Jackentasche, damit mein Vater im Bedarfsfall so schnell wie möglich flüchten könnte. Den Personalausweis trug er deshalb immer bei sich. Denn zu dieser Zeit wurden viele „Private" geschlossen. Blechschnauze in Teltow. Der Lebensmittelhändler Hamberger hier aus der Lindenstraße war auch einmal für 2 Tage verschwunden. Da spielten immer Herren in Ledermänteln eine Rolle. Und so richtig wusste niemand, was einem als Vergehen angelastet werden konnte. Kaffee zu besitzen, dessen Herkunft man nicht erklären konnte, ein Kilo Kohlen zuviel verkauft zu haben, das reichte schon als Vergehen. Um gut zu leben pflegte man besondere Handelsbeziehungen. Es wurde geschubbert.

Es war so ungefähr 1953. Ich erinnere mich an die Gaststätte Birkenhof mit dem Wirt Krause auf dem Güterfelder Damm, in der Anfang der fünfziger Jahre nur russische Offiziere verkehrten. Der Wirt bekam alles: ungarische Salami, Kaffee, Butter usw. Ich bekam immer einhundert Mark von meinem Vater und den Auftrag, mit dem Fahrrad zu Krause zu fahren. Auf dem Rückweg sollte ich bei verschiedenen Verwandten Station machen. Jeder wüsste schon, was er sich aus meinem Rucksack nehmen sollte. Einmal auf dem Rückweg fiel mir in Höhe der Annastraße der gut gefüllte Rucksack auf die Straße. Zwei Russen in Uniform waren gerade zu Fuß unterwegs. Man hörte ja nichts Gutes über sie. Und ich dachte, jetzt komme ich nach Sibirien. Die beiden amüsierten sich und hoben mir den Rucksack wieder hoch auf mein Fahrrad, sprachen mich russisch an. Ich erinnere mich nur noch an „djeti", was „Kind" heißt.

Ich war etwa neun Jahre alt, als mein Vater die Familie verließ, um einer jüngeren Frau nach Westdeutschland zu folgen. Allerdings hat ihn ein akuter Blinddarm daran gehindert, in Tempelhof das Flugzeug zu besteigen. Er kam ins Krankenhaus und blieb dort mehrere Wochen. Danach blieb er in Westberlin. Später wollte er aber mal seine Kinder sehen. Also trafen wir ihn – zusammen mit meiner Mutter und unseren Zeugnissen – bekamen Bockwurst und Kaugummi und fuhren wieder zurück nach Stahnsdorf. Einige Zeit später (1954) war die neue Liebe vorbei und mein Vater kam wieder zurück nach Stahnsdorf. Wir Kinder nahmen die Situation an, ohne zu fragen, ohne zu wundern.

Im Schwimmbad dort am Ende der Alten Potsdamer Landstraße verbrachten wir in einer Mädchengruppe mit vielen Klassenkameraden unsere Freizeit im Sommer. Und der „Platz" (Scheidemannplatz) war immer Treffpunkt. Zum Versteckspiel nutzten wir dort die Gelegenheit und trafen uns später auch nach dem Abendbrot, da brachte jemand eine Heule (Kofferradio) mit. Da war auch mal ein Rummel drauf, ungefähr 1950.

Meine Mutter konnte keine Pony-Frisuren leiden, aber ich hab mir beim Friseur Schumann mal einen Ponny schneiden lassen. Dafür bekam ich Senge von ihr. Und ich sollte mir ein Beispiel an den Kindern von Juch nehmen, die immer ordentlich angezogen waren. Ich erinnere mich, sonnabends am Nachmittag ging die ganze Familie Juch zum Tennisspielen auf den alten Tennisplatz hinter Hakes Schlosspark. Ich war indessen damit beschäftigt, mit meinem Opa die Straße vor unserem Grundstück zu fegen, so wie es alle Stahnsdorfer sonnabends taten.

In unserer Familie begann Weihnachten am Heiligabend nach Ladenschluss so gegen vier Uhr nachmittags mit der Suche nach der Weihnachtsbaumspitze. Die einschlägigen Geschäfte hatten bereits geschlossen, auch die alte Frau Schulz in der Lindenstraße Nr. 34. Also musste aus Silberpapier etwas Ähnliches für die Tannenspitze gebastelt werden. Ein andermal fehlte das Lametta, dann wieder die Kerzenhalter. Und immer klangen Mutters mahnende Worte: Ich hab euch doch voriges Jahr gesagt, dass ihr das ordentlich verstauen sollt. Und abends wurde meistens Entenbraten gegessen. Und an Geschenke erinnere ich mich. Mal ein Puppenwagen, mal ein Schlitten. Zu den schönsten Vorweihnachtserlebnissen zählte Tage zuvor der Einkauf in Berlin-Tempelhof. Dabei betrachtete ich mit riesiger Freude die Märchenbilder der Schaufensterdekorationen, eine hell erleuchtete Wunderwelt. Ein Wunsch nach den ausgelegten Waren entstand bei mir nicht, denn ich war nicht hungrig und war warm angezogen. Meine Mutter hätte solche Wünsche auch nicht akzeptiert. Aber Prinzessin oder Dornröschen wäre ich schon gern mal gewesen und Schneewittchen sowieso.

Als größere Kinder, in einem eiskalten, schneereichen Winter, sind mein Bruder und ich nachmittags mit meinem Vater in die Stabholzkirche auf dem Südwestfriedhof gelaufen. Er erzählte uns stolz, dass er als Tischler dort einmal eine Reparatur ausgeführt hatte. Die Kirche war rappelvoll und ungeheizt. Aber dieser Spaziergang durch die tiefverschneite Alte Potsdamer Landstraße ist uns in bleibender Erinnerung. Als wir nach Hause kamen, hatte meine Mutter alle Weihnachtsvorbereitungen getroffen. Die Geschenke lagen unter dem Baum und der Tisch war zum Essen gedeckt.

Meine Mutter erzählte, sie hätten sich in den zwanziger Jahren immer vor den Feiertagen mit meinem Großvater Julius gegrault. Wenn er nämlich keine Arbeit zu verrichten hatte, war er unausstehlich. Und als die Söhne einen Großteil des Handwerks weiterführten, kehrte er gern bei Materne oder Grothe ein. Nachts klopfte er dann bei seiner Frau ans Fenster und rief dazu: Mathilde, mach auf, dein Ernährer ist da. Ein andermal war er bei Grothe, hat angegeben, was er für Schweine besitze. Da dinierten Gäste aus Potsdam, höhere Staatsangestellte, und die konnten die Prahlerei über die fünf Zentner schweren Schweine gar nicht glauben. Als alle unter Alkohol standen, willigten sie ein, sich die Schweine zeigen zu lassen. Die hochfeinen Gäste betraten den Schweinestall, wurden nach rechts und links geschubst, wo der Mist hoch lag und dann machte Großvater die Tür zu. Zurück bei Grothe fragte er die anderen Saufkumpane, ob sie mal ein paar feine Schweine sehen wollten. Nach der Ausnüchterung sollte er dann bestraft werden, da aber eine gewisse Angst vor Presseveröffentlichung bestand, wurde von einer offiziellen Anklage abgesehen.

Mutter kochte sonntags Mittagessen, während ich zum Gottesdienst geschickt wurde, um 10 Uhr in der Dorfkirche. Meist wurden dort kleine Bildchen verteilt. Das Buch „Schild des Glaubens" konnte ich dann schon lesen und machte mir so ein eigenes Bild. Jesus hat Menschen gerettet und Tarzan auch – also beide waren Helden. Stalin muss auch ein Wichtiger gewesen sein, denn als er verstorben ist, mussten alle minutenlang innehalten. Die Straßenbahn musste anhalten. Und Polizisten bewachten die Ruhe. Da traute ich mich nicht, meiner Gartenarbeit weiter nachzugehen, obwohl ich ihn nur als gutaussehenden Mann vom Bild kannte.

Ich durfte weder in die Pionierorganisation noch in die FDJ (Freie Deutsche Jugend), mein Vater sprach davon, dass sich die Regierenden aller Zeiten gleichen. Meine Mutter berichtete, dass sie dem Bund deutscher Mädchen angehörte und das wurde ihr nach 1945 angekreidet. Deshalb möchte sie nicht, dass ihre Kinder irgendwo eintreten. Das durfte ich in der Schule ja nicht erzählen.

Mein Vater war der Meinung, dass acht Schuljahre für mich ausreichen, ich solle mal im Familienbetrieb mitarbeiten, damit ich erfahre, wie man sein Geld verdient – mit der Hände Arbeit und im Schweiße seines Angesichts. Hab dann eben Fachverkäuferin /Bäcker gelernt. Einer unserer Konditoren, der hochbegabte Axel Heine, wollte mich immer überzeugen, auch diesen Beruf zu erlernen. Mit meinen heutigen Erfahrungen bedaure ich, seinem Rat nicht gefolgt zu sein.

Als ich sechzehn war bekam ich von meinem Vater eine Standpauke gehalten, weil die gleichaltrige Tochter des Müllers Rogall in anderen Umständen war. Ich verstand die Welt nicht mehr, ja sie sah schließlich hübsch aus, war schlank und hatte lange blonde Haare und als spätgeborene Tochter wurde sie mit modischer Kleidung verwöhnt wie etwa die Mädchen vom Textilhändler Juch. Was hatte das mit mir zu tun?

Später achtete auch ich auf gute Garderobe, kaufte bei Walter Juch, der für seine Kunden immer etwas Besonderes beschaffte. Für einen privaten Geschäftsmann war das zu Zeiten der DDR nicht leicht. Seine Lehre im Teltower Kaufhaus Lindemann machte ihn zu einem Verkaufstalent, dem man nur schwer widerstehen konnte. Den Hochzeitsanzug für meinen Mann fertigte 1964 der alte Schneidermeister Graf in der Dachwohnung der Lindenstraße 5 an.

Jedenfalls erlebte mein Vater mich noch in unserem Laden arbeitend bevor er im Jahre 1964 starb.

Meine Mutter führte die Bäckerei weiter, arbeitete im Laden und in der Backstube. Gesundheitliche Probleme veranlassten sie, 1978 die Bäckerei an Meister Fink zu verkaufen. Sie arbeitete noch ein Jahr dort mit, bevor sie dann auch aus dem Haus auszog.

Peter Cochlovius, Jahrgang 1948

Karl-Heinz Cochlovius, 1923 - 2008
Blumenhändler, Lindenstraße 10, 11 und Wilhelm-Külz-Str. 54

Mein Vater ist in Köln geboren und in Berlin-Britz aufgewachsen. Er hatte bei der Firma Siemens in Berlin den Beruf des Feinmechanikers gelernt. Als er 1947 aus dem Krieg kam, lebte er bei seinen Eltern in Stahnsdorf in der Parkallee 12. Er war dann kurz im Landratsamt Mahlow beschäftigt.

Meine Eltern bzw. der Bruder meiner Mutter (Anneliese, 1916 - 2006) hatten die Gärtnerei in der Friedrich-Naumann-Straße 127 von Bauer Kuhlmey gepachtet. Das war von etwa 1943 bis 1962. Ein kleiner Betrieb mit 2 - 3 angestellten Blumenbinderinnen, so auch Tante Berta.

Die Gärtnerei und das darauf stehende Wohnhaus waren durch die Kriegseinwirkungen in einem jämmerlichen Zustand. Der Besitzer hat nichts instandgesetzt. Weder Material noch Geld waren ausreichend vorhanden. Ein Gewächshaus war komplett zerstört und die Rohre der Heizungsanlagen undicht. Hinzu kam noch der Brennstoffmangel. Es gab nur Braunkohle, und die war nass. Wenn es kalt war, hat Vater auch öfter alte Autoreifen zersägt und verbrannt. Umweltschutz spielte damals keine Rolle. Die Blumen in den Häusern brauchten eben eine Mindesttemperatur.

Das erste Blumengeschäft meines Vaters befand sich in der Wilhelm-Külz-Straße 54 zwischen Bäcker Wilke und Schumacher Hasenberg. Ein zweites Geschäft befand sich noch in der Boschsiedlung. Mein Vater war ein guter Händler und bleibt den Kunden sicher mit seinem fröhlichen Wesen in guter Erinnerung.

Die Kindheit in der Gärtnerei und auch in der Parkallee – meinem Elternhaus – ist für mich schöne Zeiten gewesen. 1962 wurde mein Bruder Frank geboren. Durch den Altersunterschied spielten wir kaum zusammen. Aber wir hatten schöne Urlaube zusammen u.a. in Binz mit einer Erinnerung an einen gemeinsamen Sturz ins Wasser – voll bekleidet.

Wir besaßen viel Kleinvieh: Kaninchen, Enten, Hühner, und ich war für die Fütterung zuständig.

Ende der 50er Jahre erfolgte dann der Umzug des Geschäftes in die Lindenstraße 11, in die Räume der Puppenklinik Gerasch. Nach unserem Auszug zog da ein Lotto-Laden ein.

Vor dem Mauerbau kaufte mein Vater die Ware auf einem Blumengroßmarkt in West-Berlin. Er organisierte diesen Einkauf manchmal so, dass er in der Nacht zuvor bei Verwandten in der Nähe des Marktes schlief, um möglichst früh am Morgen auf dem Markt zu sein. Ansonsten fuhr er um 5 Uhr mit der S-Bahn, auch in die Markthalle am Alex.

Die wichtigste Zeit des Jahres war für das Geschäft jeweils der Bußtag und der Totensonntag. Da kamen viele Westberliner mit der S-Bahn nach Stahnsdorf gefahren, um auf den Friedhöfen die Gräber ihrer Angehörigen zu schmücken. Die Gärtner von Stahnsdorf und Umgebung boten dazu Grabschmuck aller Art an. Das war eine ganz enorme Arbeitsbelastung. Mit dem Mauerbau blieb dann dieser besondere Umsatz aus.

Anfang der 60er Jahre stand wieder Umzug des Geschäftes an (unter der Regie der GPG Immergrün Teltow) in die Räume der ehemaligen HO-Lebensmittelverkaufsstelle – im Haus neben Juch, Lindenstraße 10.

1962 ungefähr, wurde dann der Laden der GPG (Gärtnerische Produktionsgenossenschaft) Teltow zugeordnet. Aber nur der Laden. Die Gärtnerei stand dann einige Zeit ohne Nutzer da, und dann wurde das Gelände vom Dachdecker Beyer genutzt.

Mein Vater übernahm dann 1965 eine GPG-Verkaufsstelle in Teltow gegenüber vom VEB CvO und wechselte später nach Babelsberg zum KOV (Kooperationsverband „Potsdamer Blumen"). Das war etwa 1974/75. Damals war die Warenbeschaffung nach zentralem Plan geregelt. Knapp war immer das schmückende Grün für die Blumensträuße.

Das Kofferradio, ich und mein Vater

Zweimal in meinem Leben hat mein Vater mich verhauen! Einmal dafür, dass ich mich auf einen großen Tuchballen geschmissen habe ca. 1,2 m x 0,8 m x 0,8 m. Da war ich so etwa 8 Jahre alt. Was ich nicht wusste: da waren Tulpen drin – so etwa 600, als Schnittblumen aus der besagten Markthalle in Berlin. Eine Katastrophe!!! Denn der 8. März – Internationaler Frauentag – stand bevor, und da wurden die werktätigen Frauen in den Betrieben mit Schnittblumen beglückwünscht. Die Gewerkschaft als Überbringer der Glückwünsche genoss das Privileg, zuerst von dem immer knapp bemessenen Grün in den kleinen Sträußen versorgt zu werden. Manchmal waren es drei Nelken, seltener frühlingsbringende Fresien. Dieses Mal sollten es Tulpen sein ... – Die zweite Tracht Prügel erscheint mir heute ungerecht. Wir hatten einen Weihnachtsbaum geschmückt mit Wachskerzen plus Wunderkerzen plus einem Engel mit Wattehaaren, so ca. 50cm groß. Also habe ich dann mal eine Wunderkerze in die Kerzenflamme gehalten! Sekunden später brannte nicht nur der

Engel, bald darauf auch der Baum. Mutter schreit. Vater nimmt den Engel und den Baum und schmeißt beide vom Balkon, und der kleine Peter wird verhauen.

Durch die GPG und später dann im KOV war man in der Lage, das Schnittblumenangebot zu verbessern und auch Anthurien und Orchideen und Grünpflanzen anzubieten. Einschließlich Fleuropdienst.

Auf Grund seiner langjährigen Tätigkeit im Blumenhandel wurde mein Vater dann (etwa 1965) zum Meisterstudium zugelassen, obwohl er keine Facharbeiterausbildung hatte.

Vater hat viel für die DEFA gearbeitet und Dekorationen für verschieden Filme geschaffen oder welche an die DEFA ausgeliehen.

Er hat auch schon mal für seine Frau, auch für seine Mutter, Blumen zum Wochenende mitgebracht. Es passierte aber auch, dass Kunden zu uns nach Hause kamen, weil sie vergessen hatten, Blumen zu kaufen. Dann wurden die Blumengeschenke auch mal verkauft.

In der Zeit als Privatgärtner war Familienurlaub nicht möglich. Höchstens ein Kurzurlaub im Winter nach Steinbach (Bad Liebenstein) oder an die Ostsee im Sommer. Durch das Arbeitsverhältnis mit der GPG Immergrün Teltow wurde der Urlaubsanspruch dann geregelt.

Der Gartenbau hat mich sehr geprägt. Ich erlernte den Beruf des Gärtners und übte ihn von 1965 - 2014 aus. Davon fast 30 Jahre im Außendienst – so lernte ich Deutschland sehr gut kennen, vor allem Süddeutschland bis zum Bodensee, den Schwarzwald, das Saarland und Bayern.

Wolfgang Krause, Jahrgang 1948

Hans-Joachim Krause, 1920 – 1985
Schmiede und Hufbeschlag; Hauptstraße 41/42

Mein Vater hat das Gewerbe meines Großvaters Richard Krause 1952 nach dessen Tod übernommen. Dazu wechselte unsere Familie den Wohnsitz von Coburg nach Stahnsdorf, wo dann auch mein Bruder Dieter 1952 geboren wurde. Nachdem mein Vater das Unternehmen als Schmiede und Schlosserei mit meist vier Beschäftigten geführt hatte, ist es in den 60er Jahren PGH geworden. Für die Materialversorgung hat jeder Handwerker so seine Beziehungen spielen lassen. Irgendwo gab es immer etwas, und wenn man Material getauscht hat. Er ist viel umhergefahren, um danach zu suchen. Der Meister war morgens der erste, abends der letzte in der Werkstatt.

Unser Terrain zum Spielen war das Bäketal und das Schlossgelände der *Alten Hakeburg*. Wir haben uns dort auch mit Jungen aus der Allee am Forsthaus getroffen. Auf unserem Hof haben wir mit den Nachbarskindern Marianne und Rainer Fahlberg gespielt.

Aus dem Gelände, wo sich Grothes Lokal befand, schleppte ich einmal einen besonderen Fund mit nach Hause, eine Granate. Das versetzte meine ganze Familie in Aufregung. Als Kind wusste ich ja nichts von der Gefahr. Die Aufregung verging erst, nachdem die Granate von einer Behörde abgeholt wurde.

Mit der Schulklasse verreisten wir mit unserem Lehrer Heinz Natalis schon in der 7. Klasse im Winter nach Wiesenbad im Erzgebirge, weil in seiner Gruppe noch Plätze frei waren. Das war unser Glück, denn in der 8. Klasse fuhren wir wie geplant noch einmal dorthin. Wir mochten diese Klassenfahrten. Mit der Familie reisten wir an die Ostsee oder nach Schierke, wo sich ein Ferienheim von der Handwerkskammer befand. Eine Teilnahme am Kinderferienlager war ja für Kinder von „Privaten" nicht möglich. Bis 1961 waren wir mit meinen Eltern oft „drüben" bei der Mutter und den drei Brüdern meiner Mutter und bei der Schwester meines Vaters.

Hin und wieder kamen „Westpakete". An Weihnachtspakete mit Süßigkeiten erinnere ich mich. Spielzeugwünsche habe ich bei der Verwandtschaft nicht geäußert. Wir hatten ja hier auch einen Stabilbaukasten. Für die elektrische Eisenbahn war oben im Haus extra ein Zimmer eingerichtet. Zu Weihnachten haben mein Vater und der Bruder meiner Mutter dann daran herumgewerkelt. Wir waren bescheiden. Unsere Wünsche hinsichtlich Spielzeug waren sehr begrenzt und nicht am Besitz der anderen Kinder ausgerichtet.

Auf Mutters altem Fahrrad haben wir Radfahren geübt. Dann gab es alte Räder, die hergerichtet wurden und zur Jugendweihe mit vierzehn gab es das erste neue Fahrrad. Mit ungefähr 13 Jahren ließ mich Vater auf Feldwegen auch mal den „Wartburg" steuern. Bald wurden dann auf dem Hof auch erste Runden auf dem Moped „Simson K 50" gedreht. Mit 16 hab ich endlich den Moped-Schein gemacht und dann Vaters altes Moped bekommen.

Meine Mutter hat die Familie versorgt, zu der auch unsere Großmutter gehörte. Vater hat immer gewerkelt. Freizeitgestaltung gab es für ihn erst in späteren Jahren, im Garten. Ich bin auch Lebensmittel in der Lindenstraße einkaufen gegangen für unsere Familie. Alles, was wir brauchten, bekamen wir ja hier im Dorf. Kleidung bei Juch. Meine Eltern waren ja mit Familie Juch befreundet.

Es war nicht nur meines Vaters, auch mein Wunsch, in seine Berufsrichtung zu gehen: Schlosser oder Stahlbauschlosser in Staßfurt zu lernen. Holzbearbeitung kannte ich nicht, Aber mit

Eisen herumhantieren – da kannte ich mich aus. Hier hab ich schon immer mal mitgearbeitet, vielleicht auch Taschengeld aufgebessert. So habe ich Schlosser gelernt, in Babelsberg, bei meinem jetzigen Schwiegervater.

Zigarettenkauf vom Taschengeld? Nein ... vielleicht mal irgendwo einen Gelegenheitszug genommen. Vater hat geraucht. In jungen Jahren hab ich noch nicht geraucht, erst nach der Lehre.

Nachdem ich ausgelernt hatte, musste ich zur Armee, und anschließend bin ich studieren gegangen. Es gab auch die Möglichkeit zu studieren, ohne zuvor bei der Armee gedient zu haben. Aber für mich bot sie sich nicht. Also erst eineinhalb Jahre Armee und dann drei Jahre Studium zum Stahlbauingenieur. Danach hab ich 1971 geheiratet und bei meinem Schwiegervater angefangen zu arbeiten.

Der Betrieb meines Vaters wurde PGH (Produktionsgenossenschaft des Handwerks), aber Ende der sechziger Jahre ist mein Vater ausgetreten und hat sich dann wieder selbständig gemacht. Zuerst auf dem Südwestfriedhof mit einer Schmiede, und dann hat er von einem Kollegen in Potsdam in der Hermann-Elflein-Straße eine Schlosserei mit Schmiede übernommen, weil dieser in den Ruhestand gehen wollte. Inzwischen hatte Vater im Berliner Tierpark seine Berechtigung zum Hufbeschlag erworben. Schmiedemeister (Hufbeschlag). Diese Qualifizierung war ihm in Potsdam Anfang der achtziger Jahre an den wenigen Pferden noch nützlich.

Eine sogenannte weiche Welle in der DDR-Politik ermöglichte Mitte der siebziger Jahre wieder Genehmigungen für das privatwirtschaftliche Handwerk. Diese Gelegenheit habe ich schnell genutzt, habe mich sonnabends auf die Schulbank gesetzt und dann1975 meine Meisterprüfung abgelegt. 1976 bekam ich die Gewerbegenehmigung – Schlosserei und Leichtmetallbau – für diesen Standort hier, habe also die Werkstatt von Vater übernommen.

In den siebziger Jahren wurde in der Ruhlsdorfer Straße neu gebaut – VEB Rationalisierung Stahlbau. Bis zum Ende der siebziger Jahre haben sie unser Haus hier auch als Bürogebäude genutzt, bevor sie dann komplett umzogen in ihren Neubau. – Unsere Familie war ohnehin in die Bahnhofstraße gezogen.

Mein Bruder hat den Bäckerberuf hier nebenan bei Fahlberg gelernt, ist dann zur See gefahren, arbeitete auf einem Trawler als Koch und als er zurück kam, lernte er Schlosser. Er hat bei meinem Vater gearbeitet, noch in Potsdam. 1983 hat er sich in der Potsdamer Allee selbständig gemacht. Auf dem Gelände befand sich vormals ein Metallbaubetrieb, der mir nur unter dem Namen „Zaunkönig" bekannt ist. Dann wurde der Betrieb PGH und zeitweise auch – wie unser Betrieb – VEB. Heute arbeiten auch seine Kinder in seinem Familienbetrieb.

Ich bin nun Rentner und habe das Unternehmen an meinen Sohn Dirk übergeben. Er hat Metallbauer gelernt, seinen Meister gemacht. Ich bin natürlich froh, dass das langjährige Familienunternehmen weiter geführt wird, denn verlockend ist es schon, angestellt zu sein – einen Achtstundentag zu haben. Doch er hat sich gut eingearbeitet und vertritt nun die vierte Generation in unserem Handwerk.

Ingrid Brehmer, geb. Letz, Jahrgang 1949

Erich Letz, 1907 – 1987 Elfriede Letz, 1926 - 2002
Bauer, Dorfplatz Nr. 19

Auf dem Hof von Bauer Letz standen 1945 drei deutsche Panzer, die die Angriffe der Russen vom anderen Ufer des Teltowkanals hinter der Schleuse abwehrten. Der Hof war zerfahren, die Hauswände völlig zerschossen. Als die Russen dann über den Kanal nach Stahnsdorf kamen, stationierten sie drei Panzer auf dem Hof.

Meine Mutter ist ein Flüchtlingskind – 1939 von Bessarabien nach Polen. Dort haben die Großeltern eine Gärtnerei aufgebaut. Dieses neue Zuhause musste meine Großmutter mit ihrer damals 18 Jahre alten Tochter Elfriede (später meine Mutter) und einem verwaisten Mädchen aus der Nachbarschaft im Januar 1945 verlassen. Für drei Tage sollten Sie Verpflegung einstecken. Sie gingen dann im Treck mit einem Pferdefuhrwerk über die Oder bis nach Stahnsdorf. Bei strömendem Regen standen sie in der Lindenstraße. Ortsgruppenführer vom Bauernverband (?) Paul Hönow brachte sie in das Wohnhaus der Bäckerei zu Elfriede Ziegenhagen (später verheiratete Fahlberg), wo sie ein Zimmer über der Backstube zugewiesen bekamen. Die freundliche Aufnahme haben sie im ganzen Leben nicht vergessen. Mit einem Pferdegespann transportierte meine Mutter das Material für die Panzersperren der Wehrmacht in Kleinmachnow. Dort hat sie sehr gut verdient. Einmal gab es bei ihrer Rückkehr zu ihrer Überraschung Pfannkuchen, denn die Großmutter hatte einen Vorrat an Schmalz und Mehl im Gepäck gehabt und ihn der Bäckersfrau übergeben.

Durch die Bombe, die Ende März 1945 auf das Gelände des Hotel Grothe fiel, wurde auch das Dachgeschoss des

Fahlbergschen Hauses zerstört. Wieder war Paul Hönow gefragt. Er wollte meine Großmutter mit den beiden Mädchen bei Bauer Letz am Dorfplatz einquartieren. Doch Frau Letz (Mutter von Erich) hatte schon sieben Flüchtlingsfamilien auf engem Raum zu wohnen. Bei den Nachbarn, Bauer Fritz Heinecke (Gärtnerei), bekamen sie dann ein schönes Zimmer. Allerdings wohnten in dem Haus nur ältere Leute, so dass den Russen kein Widerstand bei ihren täglichen Vergewaltigungen entgegen gebracht werden konnte.

Auf Bitten durfte meine Großmutter mit meiner Mutter und dem Waisenkind in den Luftschutzkeller zu Bauer Letz. Weil Großvater Letz und ein Sohn gestorben waren, erhielt Erich (später mein Vater) derzeit zwei Wochen Heimaturlaub von der Front aus Frankreich, wohin er allerdings wegen der Kriegswirren dann nicht zurückkehrte. So lernten sich meine Eltern im Luftschutzkeller kennen.

Meine Großmutter sprach perfekt russisch. Da ihr bekannt war, dass die Russen panische Angst vor Krankheiten hatten, versuchte sie, durch angebliche Suche nach einem Arzt die Russen von Vergewaltigungen auf dem Hof der Familie Letz abzubringen. Meine Mutter saß verkleidet und mit rußgeschwärztem Gesicht in hinfälliger Haltung am Eisernen Ofen, so dass sie für eine Babuschka (Großmutter) gehalten wurde und verschont blieb.

Anfang April als die Russen kamen, sind zwei deutsche Soldaten nebenan ins Wohnhaus, Dorfplatz 17, gerannt. Das war für die russischen Soldaten ein Grund, Handgranaten zu werfen, womit sie die deutschen Soldaten zwingen wollten, herauszukommen. Dieser Plan misslang, und das Haus brannte bis zum Keller ab.

Die Russen haben andererseits dafür gesorgt, dass unser Haus (Nr. 19) nicht abbrannte. Dort zogen im April 1945 russische Offiziersfamilien ein.

Unsere Familie ist dann nach Ahrensdorf gelaufen, wo sie von Verwandten aufgenommen wurde. Als sie dann nach dem 2. Mai 1945 zurückkehrte in unser Haus am Dorfplatz fanden sie es verwüstet und geplündert vor. Im Haus wohnten dann nur noch zwei russische Familien. Sie hatten den Stall voller fremder Kühe, die sie nach und nach schlachteten. Unserer Familie wurde gestattet, die Beine der Rinder vom Misthaufen zu sammeln. So hatten wir auch Fleisch zu essen. Und weil die Russenfrauen nicht melken konnten, haben das am frühen Morgen meine Großmütter erledigt. Sie stellten den Offiziersfamilien Milch vor die Tür und hatten so selbst noch genug für unsere Familie. Mitte Mai 1945 zogen die russischen Familien wieder weg.

Am 14.11.1945 heirateten meine Eltern, das war die erste Trauung nach dem Krieg in der Dorfkirche. Im folgenden August wurde mein Bruder Günter geboren und meine Mutter konnte nicht stillen. Die Nachbarn Fritz und Helene Heinecke besaßen eine Kuh und eine Ziege und gaben täglich Milch für das Baby ab. Drei Glucken und drei Katzen waren unser Tierbestand.

Das war auch die Zeit, als die ersten Kartoffeln im Boden waren und mein Vater und der Nachbar, Kohlenhändler Adolf Irmer, nachts das Feld bewachten, damit hungrige Leute die Kartoffeln nicht schon vorzeitig ausbuddelten. Großmutter mütterlicherseits und mein Vater haben Geld zusammengelegt, um sich wenigstens ein Pferd vom Bauer Erich Dähne zu kaufen. Leider starb das nach einem halben Jahr.

1949 war vorgegeben, wie hoch anhand der Ackerfläche unser Abgabesoll an Korn, Rüben und Milch war. Einige Bauern konnten das nicht erfüllen und wurden dann abgeholt und eingesperrt. Viele Bauern sind auch nach dem Westen abgehauen, weil sie den Druck nicht mehr verkraftet haben. Mein Vater hat gerade so geschafft, das Soll zu erfüllen. Meine Mutter war froh, wenn jemand kam, um ein paar Eier zu kaufen oder mal einen Liter

Milch, dann konnte sie nämlich bei Fahlberg Brot kaufen. Es war also so, dass wir zwar zu essen hatten, aber es war kein Geld da.

Kurz vor Weihnachten brachten einige Familien die Weihnachtsgeschenke für ihre Kinder zu uns. Mein Vater machte sich dann an Heiligabend als Weihnachtsmann verkleidet auf Weg – je nach Wetterlage mit dem Pferdeschlitten oder der Kutsche, um sie zu verteilen. Bei Werner Strutzke endete die Tour, und dort ließ er sich gern zu einem Schnäpschen mehr einladen. Wenn er dann endlich zuhause ankam, war er für die eigene Familienfeier nicht mehr zu gebrauchen. Damit auch seine Kinder einen schönen Heiligabend verbringen konnten, hat meine Mutter irgendwann die „Fremdbescherung" abgesagt.

1952 gab es die ersten LPG (Landwirtschaftliche Produktionsgenossenschaft) Typ 1. Das bedeutete, jeder behält sein Land, das Viehzeug wird gemeinschaftlich versorgt. Jeder hat dem anderen zu helfen, wenn er sein Land bestellt hat. Aber diese Art der Kollektivierung hat nicht geklappt. 1956 wurde deshalb eine LPG Typ 3 gegründet. Da gab es dann kein Privateigentum mehr. Jeden Sonntag kamen zwei in schwarze Ledermäntel gekleidete – und meiner Meinung nach mit Pistolen ausgerüstete – Herren, um meinen Vater für die Mitgliedschaft in der LPG zu werben. Er hat sich eine Zeit mit Händen und Füßen gewehrt. Als er dann mit seinen Kräften am Ende war, verlangte er von meiner Mutter, dass sie die Sachen packen sollte und mit uns Kindern und mit ihm in den Westen gehen sollte. Meine Großmutter, die wegen einer Lähmung im Rollstuhl saß, hätte nicht mitgehen können. Für meine Mutter (deren Mutter 1959 verstorben war) kam es nicht infrage, ihre Schwiegermutter zurückzulassen, die sie zu Kriegszeiten so gut aufgenommen hatte. Deshalb bat sie meinen Vater: Lass uns hierbleiben, wir werden schon nicht verhungern.

Eines Tages 1958 kam Herr Wiens, der LPG-Vorsitzende, mit zwei weiteren SED-Genossen und wollte sich neben anderen auch unser Haus ansehen, um es zu übernehmen. Meine Großmutter versperrte den Weg, so dass eine gewaltfreie Besichtigung nicht möglich war. 1958 bat meine Mutter dann meinen Vater, seinen Eintritt in die LPG zu unterschreiben. Danach wurde uns das Viehzeug weggenommen. Die Kühe wurden in den Rinderoffenstall im Schenkendorfer Weg gestellt. Unsere fünf Pferde wollte mein Vater aber nicht in die LPG geben, deshalb hatte er sie vorher verkauft. Er war in jungen Jahren – ebenso wie sein Bruder und sein Vater – im Reiterverein in Stahnsdorf und hat viele Pokale errungen. Meine Mutter war übrigens auch eine gute Reiterin.

Aktives Mitglied der Freiwilligen Feuerwehr war Vater auch, bis in die fünfziger Jahre.

Er arbeitete dann im Rinderoffenstall, seine Kühe erkannten ihn an der Stimme und hofften wohl vergeblich, wieder auf den Hof zurückzukehren. Jeden Morgen fuhr er mit dem Moped zum Rinderoffenstall. Der Verdienst betrug 120 Mark im Monat. So richtig Geld wurde in der LPG erst zu der Zeit verdient als mein Vater schon in Rente ging. Jedenfalls hat er die Zustände im Rinderoffenstall nicht lange ertragen und arbeitete deshalb bei der MTS (Maschinen- und Traktorenstation) als Traktorist. Er fuhr bedächtig und konnte wunderbar pflügen, der Tucker-Erich.

Meine Mutter hatte Enten, Gänse, Hühner, Puten – es wimmelte nur so auf dem Hof. Nachdem das Hoftor geöffnet wurde, versammelten sich die Enten und Gänse von allen Bauerhöfen des Dorfplatzes auf dem Teich. Abends fanden alle Tiere wieder auf ihren Hof zurück. Oma beobachtete das Geschehen vom Fenster aus und bestätigte meiner Mutter die vollzählige Rückkehr des Federviehs, damit das Tor wieder geschlossen werden konnte.

Im Keller nutzten wir einen gemauerten Backofen. Meine Mutter konnte wunderbaren Sauerteig zubereiten und Brot backen. Aber als der Ofen kaputt war, brachten wir den Brotteig auf dem Handwagen zu Bäcker Reck, um ihn dort abbacken zu lassen. 6-Pfund-Brote. Der Bäckermeister lobte ihr Brot. Unsere großen Backbleche behielten wir. Sie passten zwar nicht in unseren Küchenherd, doch transportierten wir auf gleiche Weise zum Abbacken in die Bäckerei. Mutter zog den Handwagen und ich hielt die Bleche fest. Unsere Streuselkuchen, Pflaumenkuchen …

Ende der fünfziger Jahre fütterten wir auch Schweine, die dann auf unserem Hof geschlachtet wurden. Ich war natürlich immer dabei, wenn der Fleischer Paul Westedt mit seinem Sohn Wolfgang hier schlachteten. Sie konnten eine wunderbare Wurst machen. Und sie waren sehr auf Sauberkeit bedacht. Der Meister fragte, ob eine der Frauen „ihr Zeug" hatte, die musste dann in der Küche arbeiten. Er war der Meinung, wenn solch eine Frau bei der Schlachtung dabei wäre, würden die Schlachtprodukte schlecht werden. Meine Mutter hatte zuvor den Kupferkessel geputzt bis er blinkte wie Gold. Nach dem Schlachten verteilten wir Kinder in der Nachbarschaft ein Kanne Wurstsuppe, einen großen Klumpen Hackepeter, lose Wurst, einen Ring Blutwurst usw. an die Leute – Mutter führte eine Liste darüber, wer uns im Laufe des Jahres Brotreste und Kartoffelschalen als Futter gebracht hatte. Unsere Arbeiter bekamen zu Weihnachten jeder eine Gans, ein Stück Schinken und Schlackwurst. Das letzte Mal schlachteten wir 1974.

Wenn meine Eltern Schweine zum Verkauf gezüchtet hatten, kam der Auftrieb, der die Schweine holte. Vor dem Tag fuhr meine Mutter nach Potsdam zum Schlachthof, steckte demjenigen, der für das Wiegen der Schweine verantwortlich war, ein Trinkgeld zu. So gab es keine Gewichtsabzüge.

Zwei gut gefütterte Schweine brachten 1500 Mark im Jahr. Meine Mutter meinte, das Geld sei gut zu sparen, um es „aufs Dach" zu legen, denn an den vielen Gebäuden musste ja immer etwas repariert werden.

Wir hatten unseren Nutzgarten und ein kleines Feld zur privaten Nutzung. Das hat man uns gelassen, weil die LPG dort nicht mit dem Traktor arbeiten konnte. Mein Vater hat es dann mit Pferd und Pflug beackert. Meine Mutter musste immer mit auf dem Feld arbeiten.

Und nach Schulschluss hab ich vorsichtig bei meiner Großmutter nachgefragt: Hat Papa gesagt, ob ich mit aufs Feld muss? – Ja. Dann also Hausaufgaben erledigen, manchmal noch einen Berg an Geschirr abwaschen und ab aufs Feld. Mein Bruder hat auch auf dem Feld mitgeholfen, aber ihn zog es mehr zur MTS. Er konnte schon mit 12 Jahren Mähdrescher fahren und seine Arbeit war anerkannt. Er hat sich dort in den Ferien Geld verdient. Als 14jährige hab ich in den Ferien in der Seltersfabrik der Familie Brandner, Dorfplatz Nr. 16, Flaschen gewaschen oder etikettiert und mir damit das Geld für ein Fahrrad zusammengespart. Das hab ich bei Herrn Fietzmann in der Lindenstraße gekauft.

Gespielt hab ich nicht viel, aber sonntags hab ich 20 Pfennig bekommen und durfte ins Kino, in die Parklichtspiele in der Potsdamer Straße gehen. Da war ich glücklich. Während der Zeit hat sich meine Mutter für eine halbe Stunde hingelegt, das war für sie das reinste Urlaubsgefühl. Wenn ich etwas vergessen hatte und durch mein Geklapper störte, war sie sauer und meinte, nun wird es nichts mehr mit dem Schläfchen. Meine Mutter war eine sehr fleißige Frau. Sie hat ihre Kraft in das Grundstück investiert, worüber meine Großmutter sehr erfreut war.

Mein Vater hat nach dem Eintritt in die LPG nie verwunden, dass man ihm alles genommen hatte und deshalb ziemlich viel getrunken. Obwohl: er war schlank, hat wenig gegessen und vertrug nicht viel Alkohol. Seine Kollegen haben sich einen Spaß daraus gemacht, ihm Schnaps einzuschenken. Wenn er nicht zurzeit zuhause war, schickte meine Mutter mich, um ihn zu suchen und nach Hause zu bringen. Mein Bruder schämte sich, der machte das nicht. Einmal im Winter bin ich mit dem Fahrrad losgefahren und fand ihn schlafend im Heizhaus beim Rinderoffenstall. Ich berichtete meiner Mutter, dass er in dem Zustand nicht laufen könne und wir gingen zum Dachdeckermeister Harder in der Krughofstraße und baten ihn, meinen Vater mit seinem Pritschenwagen zu holen. Als sie ihn auf dem Hof abluden, war gerade Herr Wittig mit der wöchentlichen Fischlieferung bei uns und meinte zu meiner Großmutter, ihre Schwiegertochter bringt da jemanden – der muss ja sehr krank sein. Nein, entgegnete Großmutter, das ist mein Sohn und der ist nicht krank sondern besoffen. Sie schämte sich anschließend sehr, so dass sie ein Jahr lang nicht mehr mit ihrem Sohn sprach. Ich drängte meinen Vater, sich doch zu ändern, damit Großmutter wieder mit ihm spricht. Zum Glück hat er „die Kurve gekriegt". Später fragte ich meine Mutter, wie sie das nur ausgehalten hat. Aber sie entgegnete nur, dass es schwer war, dass sie aber eben nicht in ihrer Heimat wohne, wo sie vielleicht mit uns, den beiden kleinen Kindern, durchgekommen wäre. Dankbare Anerkennung durch meine Großmutter (gest. 1965) war ihr Lohn. Meine Großmutter hat ihre Schwiegertochter, das Flüchtlingsmädel, auch gegen alle Anfeindungen der örtlichen Bauersfrauen geschützt, die gern ihre Stahnsdorfer Töchter mit dem Erben Letz verheiratet gesehen hätten.

Wenn Familienfeiern bevorstanden, hat meine Mutter die schönsten Torten gebacken. Für diese zusätzliche Arbeit hat sie die Nachtstunden genutzt. So standen für die Geburtstagsfeiern morgens die Torten auf dem Tisch. Einmal hat meine Mutter anlässlich ihres Geburtstages im Juli eine Torte mit aufs Feld zu den dort in der Ernte arbeitenden Frauen mitgenommen. Die Torte hatte sie in den Schatten aufs Rübenfeld gestellt. Und als die Torte gegessen werden sollte, war sie leider voller Ameisen.

Anlässlich der Hochzeit meines Onkels, die 1952 in der „Linde" von Otto Behrends gefeiert wurde, bereitete meine Mutter Kirschlikör und Eierlikör zu. Man durfte ja alles mitbringen, was die Gaststätte nicht anbieten konnte.

In den Monaten Mai bis September ist mein Vater um 3 Uhr aufgestanden, um auf die Rieselfelder zu fahren und Grünfutter für die Viecher zu holen. Wenn er zurück auf den Hof gekommen ist, hatte meine Mutter die Schweine gefüttert, die Kühe gemolken, die Milch zu Busse gebracht und das zahlreiche Kleinvieh versorgt. Daneben musste sie noch meine kranke Großmutter versorgen und uns Kinder zur Schule schicken. Dann haben die Eltern gefrühstückt und während sich mein Vater anschließend ausruhte, hat sie die Brote für die Vesper der Erntehelfer geschmiert. Zweites Frühstück und Muckefuck gab es auf dem Feld. Als kleines Kind war ich dabei. Da es keinen Kindergarten gab, habe ich Spielzeug auf dem Pferdewagen gehabt und wurde angebunden, damit ich nicht weglaufen konnte. Wenn es zu warm war, wurde ein Loch gebuddelt, eine Decke hineingelegt und nachdem ich darauf saß wurde wieder etwas Sand auf meine Füße geschippt, damit ich „sicher verwahrt" war.

Abends bereitete meine Mutter alles für das Mittagessen vor. Oma war beauftragt, aus ihrem Rollstuhl heraus, eine Stunde vor der Essenszeit die Kartoffeln aufzusetzen. Meine Mutter kam mit dem Fahrrad noch vor den Feldarbeitern zurück auf den Hof, um das Mittagessen fertig zu machen. Manchmal fünf oder sechs, manchmal auch mehr Frauen kamen mit dem Pferdefuhrwerk vom Feld, setzten sich auf unsere Treppe, um auszuruhen und aßen. In der Zwischenzeit bereitete meine Mutter schon wieder die Vesperbrote für die Feldarbeiter.

Einmal im Monat wurde große Wäsche gemacht. Am ersten Tag wurde die Wäsche eingeweicht, am zweiten gekocht und am dritten auf dem Waschbrett gewaschen und später auf der Leine im Hof getrocknet. An diesen Tagen hatten wir eine Hilfe.

Bei unseren zahlreichen Fenstern war die Gardinenwäsche noch ein Kapitel extra. Baumwollene Gardinen. Waschen, stärken und noch feucht zum Spannen bringen. In den sechziger Jahren gab Frau Kroop ihre Gardinenspannerei auf und schenkte meiner Mutter einen Spannrahmen, so dass wir selbst in einer Scheune unsere Gardinen spannen konnten. Das war körperlich anstrengend, denn nach dem Waschen und stärken mussten die Gardinen bei richtiger Feuchtigkeit auf die Nägel des Spannrahmens gezogen werden. Manchmal verletzte sich meine Mutter dabei die Finger und musste erst warten, bis es aufhörte zu bluten, damit die Gardinen nicht verdorben wurden. Abschließend mussten die Gardinen noch gebügelt werden, damit sie keine Beulen schlugen.

Wir wollten junge Zicklein von unserer Ziege, also musste sie zum Bock – Richtung Teltow, Schenkendorfer Weg. Auf dem Hinweg hat das Vieh sich so gesträubt, da hatten meine Mutter und ich (mein Bruder schämte sich solcher Arbeit) große Schwierigkeiten, sie dort hinzuführen. Auf dem Rückweg lief sie dann wie geschmiert. Einmal während des Religionsunterrichts im Pfarrhaus am Dorfplatz machten mich andere Kinder darauf aufmerksam, dass draußen mein Bruder mit seiner neuen Freundin stehen würde. Ich ging nach draußen und sah nicht nur meinen Bruder, sondern auch unsere Ziege wie sie dort auf dem Boden lag. Wir richteten sie auf und er ging mit ihr nach Hause. Unserer Mutter gegenüber lehnte er diese Arbeit ab, er wolle sich nicht zum Gespött der Leute machen. Und wenn ich mit der Ziege gehen sollte, nahm ich ja den Weg über die Sputendorfer Straße und die Felder.

Unsere letzten Schweine fütterten wir 1990. Wir hatten schon den Termin für die Abholung, doch dann wurde der Schlachthof in Potsdam geschlossen und die zwei Schweine standen im Stall und wurden immer dicker und dicker. Zu DDR-Zeiten durften die Schweine nur bis 120 Kilo wiegen, weil sie ja nach dem Westen verkauft wurden und mager sein mussten. Wir fanden dann einen Fleischer, der diese Schweine schlachtete, uns aber gleich sagte, dass er nur das Kernfleisch mitnimmt. Schmalz würde kaum noch jemand essen, fetter Speck ist ebenfalls nicht gefragt, das fette Fleisch auch nicht. Also verbuddelte er schon den ersten Sack voll davon auf der Wiese. Ich stoppte dann aber diese Aktion, weil es mir wirklich zu schade erschien. Zum Glück fand ich in der Küche des Diakonissenhauses Teltow einen dankbaren Abnehmer für die vier großen blauen Säcke.

Für meinen Bruder Günter (1946 – 1982) als Bauernkind hatte der Staat eine berufliche Zukunft in der Landwirtschaft eingeplant. Er wollte aber nach dem Abitur Maschinenbau studieren und bekam keinen Studienplatz. Durch Vermittlung von Bekannten bekam er wenigstens eine Lehrstelle als Werkzeugmacher und hat später seine Meisterprüfung abgelegt. Und auch ich habe als Jugendliche meinem Vater gegenüber geäußert, dass ich meine Zukunft nicht in der Landwirtschaft sehe und auch keinen Bauern heiraten werde.

Frank Wodarz, Jahrgang1956

Curt Wodarz 1921 - 1995,
Tankstelle, Wilhelm-Külz-Straße 26

Curt Wodarz war der Sohn von Kurt und Frieda Wodarz. Seine Mutter besaß einen Kolonialwarenladen im Asternweg. Er erlernte den Beruf des Werkzeugmachers im VEB Hartzerkleinerung Teltow, war danach ein guter Fachmann, weshalb er erst in den letzten Kriegsjahren zum Militär eingezogen wurde. 1945 kehrte er vor Kriegsende verwundet nach Stahnsdorf zurück. Sein Vater besaß einen Traktor, so arbeitete er mit, pflügte mit dem Traktor die Felder der Stahnsdorfer Bauern. Er baute sich einen kleinen Fuhrbetrieb auf, indem er Lohnfuhren für die Bevölkerung ausführte und kaufte einen Lkw dazu.

Der Besitzer Simon und seine Frau Else Simon – die Betreiberin der Tankstelle in der Hauptstraße 26 – sind 1945 aus Angst vor den Russen geflüchtet.

Die Tankstelle lag dann brach.

1954 nahm mein Vater Kontakt zur derzeitigen Besitzerin der Tankstelle auf. Das war die Adoptivtochter der Simons,Ida Nilson, die in West-Berlin lebte und keine Beziehung zu ihrem Erbe hatte. Sie gab ihr Einverständnis zum Wiederaufbau der Tankstelle. Fast drei Jahre dauerte das bis zur Eröffnung Anfang 1957. *VEB Kombinat Minol* stellte die Technik für die Tankstellen-Agentur, also handelte es sich bei unserer Tankstelle um den Eigenbetrieb einer *Minol*-verwalteten Tankstelle.

Ich wurde 1956 als zweites Kind nach meiner Schwester Sabine (Jahrgang 1953) geboren. Meine Mutter Eva (lebt heute in einer Senioreneinrichtung) hat neben dem Haushalt auch in der Tankstelle mitgearbeitet, hat auch Autos betankt.

Mit der Entwicklung der Wirtschaft nahm auch die Anzahl der Fahrzeuge stetig zu. Deshalb begann der Arbeitstag meines Vaters mit den Vorbereitungsarbeiten morgens kurz nach halb sieben, denn ab sieben Uhr war die Tankstelle geöffnet. Da belebten schon die Autobusse und Lieferfahrzeuge das Geschäft. Die Autos der Kleinbetriebe und der seit 1962 gegründeten PGHs (Produktionsgenossenschaften des Handwerks) brachten verstärkten Umsatz. Konkurrenz hatte die Tankstelle im Ort nicht. In den neunzehnhundertsechziger Jahren wurde Dieselkraftstoff immer notwendiger und es wurde ein zusätzlicher Tank eingelagert. Durch diese Erweiterung des Sortiments kamen neue Kunden hinzu. Bis zu dieser Zeit gab es ja nur manuelle Pumpen. Auf Grund des erhöhten Bedarfs wurde die Technik angepasst, es gab elektrische Zapfsäulen.

Das Geschäft nahm solche Dimensionen an, dass mein Vater das nicht mehr allein schaffen konnte. Da wurde zunächst ein Mitarbeiter eingestellt, Rudi Ettrich, später ein weiterer. Dadurch konnte sich meine Mutter etwas zurückziehen, uns Kinder und den Haushalt versorgen. Mittagessen hat sie für die Mitarbeiter mit gekocht. Geschäftsschluss war um 19 Uhr.

Tankstellenbesitzer Curt Wodarz

Wir hielten anfangs ein paar Hühner. Mit der Straßenbahn der Linie 96 fuhren wir nach Westberlin, haben Eier verkauft und für den Erlös irgendwelche Kleinigkeiten eingekauft. Ein gefräßiger Fuchs verleidete uns dann die Hühnerhaltung.

Meine Eltern behandelten uns Geschwister gleich. Trotzdem hab ich mich mit meiner Schwester nicht so toll verstanden, wir haben zwar miteinander gespielt, aber so richtig schöne Erinnerungen hab ich nicht. Erst als wir beide unsere Pubertät hinter uns hatten, kam das gegenseitige Verständnis auf.

Wegen Familienfeiern gab es bei unseren Eltern immer Probleme. Vater wollte feiern, Mutter wollte sparen und mochte keine Feiern. Wie Feuer und Wasser waren sie zu dem Thema. Mein Vater war musikalisch, spielte verschiedene Musikinstrumente: Trommel, Akkordeon, Flöte. Sabine hat versucht, Gitarre zu spielen, aber das hat nicht so geklappt. Wir besaßen zwar ein Akkordeon, aber das wurde ganz, ganz selten hervorgeholt. Kann mich erinnern an die Feier zur Jugendweihe meiner Schwester. Da hatten ein Freund der Familie mit der Teufelsgeige und seine Frau mit dem Akkordeon Musik gemacht.

Weihnachten zu feiern, war auch bei uns Tradition, aber eigentlich Pflichtprogramm. Das Zimmer war geschmückt, wir Kinder haben Geschenke bekommen. Jeder saß auf seinem Lieblingsplatz, der Fernseher lief und jeder hat so seinen Gedanken nachgehangen. Das beste Geschenk war ein Lego-Baukasten von meinem Großvater aus Kaiserslautern. Das war ohnehin das einzige Paket, das unsere Familie erhielt.

Ich besuchte den Kindergarten in der Potsdamer Allee, in dem nun abgerissenen Haus A, doch manchmal hatte ich keine Lust und es ergab sich, dass mich irgendein unserer Familie bekannter Berufskraftfahrer mit auf seine Tour nahm. So auch der Lkw, der zum Klärwerk fuhr, um Methangas-Flaschen zu holen. Der

Fahrer, der für die *Defa* ein Schauspieler-Taxi zu den Drehorten fuhr, nahm mich mit. Auf diese Weise war ich viel unterwegs als Kind.

Es muss so Ende der 50er Jahre gewesen sein, da besaßen wir einen *Mercedes 170 SV*. Wenn mein Vater mit mir zu meiner Oma in die Blumensiedlung fuhr, nahm er mich in Höhe des Friedhofs auf den Schoss, dann durfte ich das Auto lenken. Anfang der 60er Jahre machte uns ein *Wartburg 311* mobil, dann folgten *Wolga, Wartburg, Lada* ...

Beziehungen bestimmten die Lebensqualität. Zu Weihnachten Apfelsinen, Mandarinen – das war kein Thema. Die sind dann irgendwie vom Lkw von Gemüse-Schulz aus Güterfelde „gefallen". Oder mehr Koks als Braunkohle geliefert zu bekommen, und wenn möglich, den guten Koks. Rouladen oder Wiener Würstchen zu besonderen Anlässen in gewünschter Menge gab es beim befreundeten Fleischer „hintenherum".

Ruth Plehn aus der Markhofsiedlung war unsere Steuerberaterin. Die Buchführung hatten meine Eltern vorzubereiten und der buchhalterische Aufwand war nicht so hoch. Die Buchhalterin hat sich oft mit Herrn Pflaum vom Finanzamt angelegt. Einmal wegen ihrer Bleistift-Schrift und andererseits wegen der verwechselbaren Ziffern 0 und 8.

Textilien kauften wir bei Walter Juch und im Modesalon am VdN-Platz (Verfolgte des Naziregimes). Dort im Schuhladen wurden unsere geringen Ansprüche erfüllt.

Strutzke hatte alles, was man schön fand. Modellautos. Die DDR hatte auch eine zeitlang Matchboxautos importiert.

Mein Friseur war Kühnel. Doch der ältere Angestellte Dressler hatte schon eine unruhige Hand und schnitt mir mal ins Ohr.

Urlaubsfahrten gab es selten. Meine Mutter war nicht dafür. Allerdings in ihr Heimatdorf in Thüringen ist unsere Familie zwei-, dreimal hingefahren. Vater machte wenige Male eine Woche Skiurlaub. Ab 1962 hatten wir ein Wassergrundstück in Töplitz – unberührte Natur, direkt am Wasser. Mit Bau- und Gartenarbeit verbrachte mein Vater dort seine freie Zeit. Manchmal auch eine Woche im Sommer. Für mich sind mit „Töplitz" die schönsten Kindheitserinnerungen verbunden.

Außerdem sang mein Vater im Stahnsdorfer Männerchor. Wöchentlich einmal trafen sie sich zur Chorprobe in Hugo Medens *Gaststätte Zur Linde.* Da hallte dann auch auf dem Nachhauseweg so mancher Bass und Tenor durch die Stahnsdorfer Nacht. Die Sänger führten in den 50er und 60er Jahren ein aktives Vereinsleben. Für Kinder war die Weihnachtsfeier immer spannend. Anlässlich von Familienfeiern fanden sie sich bei den Sangesbrüdern zuhause oder in der Kirche ein, sangen auf Dorffesten und Beerdigungen. Und Chortreffen fanden außerhalb Stahnsdorfs statt, in Rerik zum Beispiel. Und Ausflüge in den Wörlitzer Park, an den Motzener See und nach Neuseddin. An der Organisation war mein Vater beteiligt, indem er vom Personenkraftverkehr einen Bus organisierte. Das ging alles sehr unkompliziert. Im Laufe der Zeit wurden die Stimmen der älteren Sänger brüchig, einige hatten ihre Söhne zum Gesang animiert, doch die waren bald beruflich sehr eingespannt, so dass in den 1990er Jahren kein Chor, nur noch eine Gruppe Sänger vorhanden war.

Für meinen Vater stellte sich wegen privater und gesundheitlicher Probleme die Frage nach der Nachfolge für die Tankstelle. Mein Vater zog nach den lange Zeit erlebten Querelen in der Ehe 1984 zu seiner neuen Partnerin und arbeitete zunächst weiter in der Tankstelle. Obwohl ich einen guten Arbeitsplatz im VEB Mikroelektronik Stahnsdorf hatte, reizte mich die Eigenständigkeit, gepaart mit dem Ehrgeiz, vieles in unserem Gewerbe zu modernisieren. Also entschloss ich mich zur alleinigen Weiterführung der Tankstelle ab 1. September 1986 und zog mit meiner Familie in das elterliche Haus nebenan. Meine Schwester hat ab 1975 ebenfalls einige Zeit hier als Bürokraft mitgearbeitet. Ich hatte den Ehrgeiz alles besser zu machen. Die fast fünfzigjährigen Tanks mussten modernisiert und das Unternehmen zu einer Neuauflage gebracht werden. Eine bauliche Veränderung ohne staatliche Zustimmung wäre nicht möglich gewesen und auch Erdtanks hätte ich nicht einfach beim Hersteller kaufen können, alles musste bilanziert werden.

Ein Antrag wäre zwar angenommen, die Realisierung jedoch auf Jahre hinaus erst eingeplant worden. Als bilanzpflichtiger Partner musste also *Minol* mit ins Boot geholt werden, so hatten sie mir zugesichert, dass ich in absehbarer Zeit die notwendige Tanktechnik bekomme.

Außer mir war niemand an dem Eigentum interessiert. Es handelte sich schließlich um ein West-Grundstück. Ich zahlte 128 Mark Miete für das Haus mit Grundstück, die Tankstelle gehörte dazu. Um klare Verhältnisse zu schaffen, habe ich mich mit der Eigentümerin in Verbindung gesetzt. Ich habe ein Baugutachten anfertigen lassen, wodurch bautechnische Mängel ersichtlich wurden. Aus der Kalkulation für deren Behebung ließ sich ableiten, dass der Eigentümer auf sehr lange Zeit kein Geld gesehen hätte. Also kaufte ich das Objekt. Im Rahmen der neuen deutsch-deutschen Beziehungen konnte der ausgehandelte Kaufpreis ihm zum Kurs 1:1 ausgezahlt werden. Der Verkäufer war mit dem dazu zwischenstaatlich geltenden Auszahlungsmodus einverstanden. Am 4. April 1989 reiste der von der Eigentümerin bevollmächtigte Bruder an, um mit mir gemeinsam den Notariatstermin wahrzunehmen. Das Kind der Notarin war erkrankt und ein anderer Notar musste einspringen. Auf einer alten Adler-Schreibmaschine hämmerte er den Vertrag eigenhändig auf das ganz und gar nicht holzfreie Papier mit Kohlepapier und drei Durchschlägen. Beim Vertragspartner aus Bad Segeberg kamen Zweifel an der Rechtmäßigkeit des Vorgehens auf. Er ließ sich beruhigen, nicht bei der Fernsehsendung „Versteckte Kamera" zu sein als der Vertrag dann allerseits ordnungsgemäß unterzeichnet war.

Für mich war die Umsatzhöhe unerheblich. Ob ich am Tag 20 Stunden geöffnet hatte oder 5 war egal. Mittagspause war von zwölf bis vierzehn Uhr. Ich hab auch für drei Wochen Urlaub die Tankstelle geschlossen. Unter dem Strich hatten wir immer das Gleiche. Die steuerlichen Abgaben waren so festgesetzt, dass der Gewinn immer gleich war. Das war das „Schöne" am Osten: man hatte immer ein gesichertes Einkommen. Es waren die Geschäftsverbindungen und Beziehungen, die das tägliche Leben erleichterten.

Ich hatte ein Projekt erstellen lassen noch bevor die DM kam. Die Baugenehmigung war aus DDR-Zeiten, vielleicht Juli 1989. Dann hab ich einen Kredit aufgenommen. – Einen Monat später war ja die Ausreisewelle der DDR-Bürger über Ungarn in vollem Gange. 1990 haben wir mit der Bautätigkeit begonnen und noch jede Menge Altlasten von *Minol* gefunden. Deren Beseitigung hat eine Menge Geld gekostet. Hab mir gesagt, dass ja der Kaufpreis für das Grundstück relativ günstig war.

Nach dem Mauerfall telefonierten der Grundstücksverkäufer und ich miteinander. Er hat mir viel Glück gewünscht und mich wissen lassen, dass er nichts bereue und: sicher hätte er nach den jetzigen Gegebenheiten anders gehandelt. Doch im Grunde sei seine Familie finanziell abgesichert.

Bis 2012 betrieb ich die modernisierte Tankstelle, dann musste ich schließen, weil ich wegen der wachsenden Konkurrenz kein Geld mehr verdienen konnte. Die Lage der Tankstelle war zwar sehr idyllisch im Zentrum des „Dorfes", aber ...